KB201956

다바르말씀학교
국내성지순례이야기3
#조선편

믿음 선진들의 역사는
오늘과 나를 향한 메시지이다

Message 순례

관광은 먹고 마시며 여행은 보고 느끼지만
순례는... 나를 변화시킨다

임경묵 지음

하나님이 조선을 사랑하사
중국의 로스선교사, 일본의 쓰다센, 미국의 가우처목사

그리 아니하실찌라도
헨리 데이비스, 루비 켄드릭, 윌리엄 맥켄지

그럼에도 불구하고
로제타 홀, 유진 벨

가장 낮은 곳으로
윌리엄 스크랜턴, 사무엘 무어, 제임스 게일

여인들을 향하여
메리 스크랜턴

구원행전의 릴레이
서상륜, 이덕수, 문준경, 추명순

다바르
Dabar Bible School

신리성지 십자가

소래교회

메시지 순례 **조선편**

임경묵 지음

다바르
Dabar Bible School

목차

기획의 변

기독교 교육과 신학을 전공한 내가 선교와 그 역사에 진입하게 된 동기는 20여 년 전 이덕주 교수의 강화선교역사를 읽고 가슴이 쿵쿵 뛴 이후이다. 책을 들고 혼자 차를 몰아 선교역사의 현장을 찾아 100년도 넘은 선조들의 신앙을 헤아렸다. 그리고 강화 홍의교회의 역사는 내가 목회하는 김포명성교회의 모델이 되었다. 그 감격과 기쁨을 나누고자 교인과 지인과 목사와 선교사들을 현장으로 이끌었고 강화를 넘어 전국과 전 세계의 신앙역사를 순례하였다. 성경이 인생과 역사의 거울이듯, 순례는 사명과 사역의 거울이 되었다.

지난 사순절 시기에 매 주간 순교와 선교의 현장을 찾으면서 공유의 동기는 더욱 선명해졌다. 마침 김포명성교회의 창립 26주년을 앞두었고, 강화순례로 인해 순례 역사의 저자가 된 임경묵 목사가 있어 순례 가이드북을 기획하였다.

　　이 책은 두 가지 면에서 기존의 책들과 차별을 두었다. 첫째로, 역사의 현장에서 역사의 사실을 헤아리며 지식과 경험에 머물지 않고 오늘과 나에게 주시는 메시지를 새기게 하였다. 그리하여 순례의 성격이 관광과 여행을 넘어 자신을 변화시킴이 되도록 안내하였다. 둘째로, 많은 인물과 사건이 있지만 사역의 양상을 중심으로 타입별로 분류하여 순례가 주제별로 진행되도록 분류 서술하였다.

　　이 책의 출판이 가능하도록 삶의 보상을 헌신해 주신 서지석집사님에게 특별한 감사를 드린다. 뜨거운 동기로 시작했지만 내용과 진행은 미숙할 것이다. 책을 들고 현장을 찾는 이들을 통해 성숙의 열매가 맺어지길 기대한다.

　　　　　　　　　　　김학범목사(김포명성교회 담임, 어시스트미션 대표)

서문

2022년 국내성지순례 이야기 1편인 강화편, '경계에 선 사람들'에 이어, 2년 뒤인 2024년에는 2편 제주편, 칼 귀츨라프의 꿈을 출간하였습니다. 올해 2025년에는 한국 선교 140주년을 맞이하며 세 번째 이야기로 군산편을 준비하던 중, 예기치 않게 조선편이 먼저 나오게 되었습니다. 이번 조선편은 특별히 '메시지 순례'라는 제목 아래, 기존 순례 시리즈와는 달리 순례를 통해 얻는 깊은 성찰과 분명한 메시지를 전달하고자 합니다.

이전의 순례 여정이 특정 지역 중심으로 구성되었다면, 이번 메시지 순례는 지엽적인 지리적 경계를 넘어 조선 선교 초기의 광범위한 역사를 다루고 있습니다.

이번 순례에는 세 가지 뚜렷한 특징이 있습니다. 첫째, 순례의 여정을 통해 하나님의 섭리를 조명합니다. 겉으로 드러난 사건들과 객관적인 역사 너머에는 이 땅을 구원하시려는 하나님의 뜻과 계획이 흐르고 있습니다. 둘째, 선교사들의 행적을 주제별로 분류하여 구성하였습니다. 이를 통해 독자들은 순례 이야기를 더욱 깊이 있고 체계적으로 살펴볼 수 있습니다. 셋째, 이 순례는 삶으로 기록된 하나님의 말씀으로 메시지를 함께 담고 있습니다. 성경과 순례의 이야기가 겹쳐지며, 독자들은 이 이야기에 자신의 삶을 비추고 변화된 삶을 경험하게 될 것입니다.

책의 무게는 결코 가볍지 않으나 반대로 책을 며칠씩 붙들고 정독해야 알 수 있는 그러한 책도 아닙니다. 눈으로 보고 귀로 듣습니다. 풍성한 사진 자료를 통해서 눈으로 보고, 귀를 열어 그저 옆에서 이야기해 주는 것을 듣는 듯하게 책을 읽다 보면 어느 순간 한 권을 한번 앉은자리에서 다 읽을 수도 있을 것입니다. 지나간 역사가 파도와 같이 한꺼번에 스쳐 지나가는 장엄함을 느끼기도 하며, 선교사들의 헌신과 아픔, 눈물에 깊은 울림을 경험하게도 될 것입니다. 책을 집필하며 저에게 주신 은혜가 동일하게 경험되기를 소망합니다.

1832년 고대도에 칼 귀츨라프가 도착하여 선교의 문을 두드렸을 때에 아직 이 땅은 복음의 문이 열리지 않았습니다. 1866년 대동강에서 다시 한번 토마스 목사가 성경을 전하며 복음을 전하고자 하였을 때에도 여전히 이 땅은 복음에 관하여 준비되지 않았습니다. 사람의 열심이 있었지만 아직 하나님의 때는 아니었습니다. 그렇다고 이러한 수고와 헌신이 무의미하다는 것은 아닙니다. 씨를 뿌린다고 하여서 당장에 열매를 맺는 것은 아닙니다. 또한 씨를 뿌림이 없이 열매를 맺을 수는 없는 것입니다.

마침내 매클레이가 고종 황제로부터 선교 윤허를 받고 1885년 4월 5일, 언더우드와 아펜젤러 부부가 이 땅에 발을 디디게 됩니다. 그러나 우리는 이 전후에 일어난 사건에 대해서 너무나 아는 것이 없습니다. 물론 학자나 연구가 손에 의해 기록된 많은 글들이 있지만 여전히 우리들의 손이 닿기에는 너무 멀게만 느껴집니다. 이에 이 작은 책자를 통해서 조선 선교의 일들에 관하여 살피고자 합니다. 그 안에 풍성한 하나님의 섭리를 바라보고자 합니다.

1860년, 제2차 아편전쟁에서 패한 청나라는 베이징 조약을 통해 연해주 특히, 블라디보스토크를 러시아에 넘기게 됩니다. 당시 블라디보스토크는 척박한 땅이었고, 러시아는 그 땅을 개간할 사람들이 필요했습니다. 이 필요를 채우는 과정에서 한국인의 유이민(流移民) 시대가 열리게 됩니다. 우리나라의 공식적인 이민 역사는 1902년 하와이 이민에서 시작되지만, 그 이전에도 비공식적인 이민의 역사가 존재합니다. 바로 블라디보스토크와

간도로 향한 이주가 그것입니다. 이러한 유이민의 흐름 속에서, 디아스포라 조선인들이 먼저 복음을 받아들이고, 이후 그 복음을 다시 조국 땅에 전하는 놀라운 반전의 역사가 펼쳐지게 됩니다.

1장에서는 하나님의 섭리의 역사가 중국에서는 로스 선교사와 의주 청년들과의 만남을 통해서, 일본에서는 쓰다센과 이수정의 만남을 통해서, 미국에서는 가우처와 보빙사의 만남을 통해서 어떻게 펼쳐지는가를 보게 될 것입니다.

2장은 이 땅에서 한 알의 밀알이 된 선교사들의 이야기입니다. 그들의 삶만 본다면 참으로 안타깝고 허무하기만 합니다. 그러나 하나님께서는 결코 그들의 헌신과 삶이 헛되지 않게 하셨습니다. 아마도 그들이 살아서 오랜 세월 동안 이 땅에서 일했을지라도 할 수 없는 큰 일을 하나님께서 행하심을 보입니다. 2장에서 헨리 데이비스, 윌리엄 맥켄지, 루비 켄드릭을 만나게 될 것입니다.

제3장은 2장과는 또 다른 상실의 슬픔을 보여줍니다. 2장의 밀알이 된 것은 선교사들 자신이었으나 3장에서는 그들의 가까운 남편과 아내, 자녀를 잃습니다. 그러나 자신들의 상실조차 하나님께 제물이 됩니다. 아픔이 있지만 이를 딛고 복음의 행진을 멈추지 않았습니다. 이들은 오히려 대를 이

어가며 복음의 역사를 일굽니다. 3장에서 로제타 홀과 유진 벨을 만나게 될 것입니다.

제4장에서는 마치 예수님의 마음을 보는 것과 같은 선교사들의 모습을 봅니다. 예수님께서 이 땅에 오실 때에 자신을 비우시고, 또한 찾아오셨고, 성육하심으로 우리들과 같이 되심과 같이 그들 또한 비우고, 찾아왔고, 우리와 같이 되었습니다. 제4장에서는 윌리엄 스크랜턴과 사무엘 무어, 제임스 게일을 만나게 될 것입니다.

제5장은 조선의 여인들을 위해서 헌신했던 메리 스크랜턴을 만납니다. 늦은 나이에도 불구하고 그 사역의 크기는 결코 작지 않았습니다. 학교를 세우고, 병원을 세우고, 전도 부인을 세웠습니다. 여인들은 이제 더 이상 소외되지 않을 뿐만 아니라 선교 사역의 주체가 됩니다. 참된 회복이 일어납니다.

마지막 6장은 토착 전도인들의 이야기입니다. 이들은 선교사들에게 복음을 전해 듣고 이제는 토착 전도인이 됩니다. 이전까지는 선교사들의 이야기였으나 이제는 그 복음을 전달받은 우리들의 이야기입니다. 서상륜과 이덕수, 문준경과 추명순을 보게 될 것입니다. 대표적인 4명의 전도인을 통해서 우리는 복음 사명을 다시 한번 새롭게 해야 할 것입니다.

이 책이 나오기까지 많은 논문과 교수님들의 책에 많은 빚을 졌습니다. 교회사 전공자가 아닌 비전공자로의 한계로, 부분적으로는 1차 자료들을 살펴볼 수 있었으나 학문적인 한계로 인해 많은 부분 이미 수고하고 연구한 결과들을 바탕으로 글을 구성하였습니다. 아마도 그렇게 하라고 그 많은 수고를 하셨으리라 생각합니다.

목회를 하며, 말씀 사역을 하며 순례 사역이 특별한 의미가 또 있습니다. 순례는 마치 성경의 말씀이 우리들에게 몇 걸음 더 가까이 다가오는 것과 같이 느껴집니다. 성경은 결코 멀리 있는 말씀이 아니라 순례를 통해서 우리 가까이에, 우리 곁에 서는 것입니다.

추가적인 소회와 감회의 특별히 감사한 바는 에필로그의 뒷부분에 남겼으며, 이제 이 서문의 글을 마치며 사랑하는 아내 박신애에게 미안한 마음과 고마운 마음을 전합니다. 귀한 딸들인 서현, 서진, 서율에게도 사랑의 마음을 전합니다. 또한 외부 사역으로 인해 깊이 있게 섬기지 못했음에도 불구하고, 언제나 곁에서 함께 예배드리며 신앙의 작은 공동체를 이뤄가는 주향교회 식구들에게도 진심으로 감사를 전합니다. 모든 영광을 하나님께 올립니다. 이 땅에 보여주신 하나님의 사랑과 열심이 이 세대에서도 반복되기를 소망합니다.

2025년 5월 집무실에서, 임경묵

01

조선 선교의 선각자들

하나님이 조선을 사랑하사

조선 선교의 사무엘

#존 로스와 의주 청년들의 만남

#쓰다센과 이수정의 만남

#가우처와 보빙사의 만남

조선 선교의 선각자들
하나님이 조선을 사랑하사

조선 선교의 사무엘

사도행전 29장의 이야기처럼, 복음의 역사는 조선 땅에서도 계속해서 펼쳐졌습니다. 하나님께서 일하시는 방식에는 한 가지 특별한 특징이 있습니다. 베드로에게 말씀하신 하나님께서 동시에 고넬료에게도 말씀하셨고, 사울에게 나타나신 하나님께서는 동시에 아나니아를 준비시키셨습니다. 하나님의 역사는 늘 양쪽에서 동시에, 보이지 않는 곳에서 준비되고 이어집니다.

조선 선교의 시작도 그러했습니다. 하나님께서는 조선 땅에 복음을 전하기에 앞서, 중국과 일본, 미국에서 동시에 일을 시작하셨습니다. 그곳에는 서상륜과 의주 청년들이 만나게 될 존 로스, 이수정을 기다리고 있던 쓰다 센, 보빙사 일행과 마주하게 될 가우처가 있었습니다. 이 만남들은 우연이 아닌, 하나님의 치밀한 섭리였습니다. 하나님은 언제나 그분의 사람들을 먼저 부르시고, 역사 가운데 그들을 예비하십니다.

우리는 이 글의 첫 장에서, 이처럼 사도행전의 연장선상에서 조선 선교의 문을 연 사람들, 곧 로스, 쓰다센, 가우처를 조명하고자 합니다. 그들은 마

존 로스   쓰다센   가우처

치 성경 속 사무엘과 같은 인물들입니다. 사무엘상하 말씀은 주로 다윗의 이야기를 담고 있지만, '사무엘'의 이름을 제목으로 삼고 있습니다. 왜일까요? 그것은 사무엘이 사사시대와 왕정시대를 잇는 전환기의 중심인물이었기 때문입니다. 사무엘이 사울과 다윗을 세우는 과정을 통해 하나님은 새로운 시대를 여셨습니다. 하지만 더 중요한 이유는, 이 말씀이 결국 '왕들의 이야기'가 아니라, '하나님께서 어떻게 일하시는지를 보여주는 이야기'이기 때문입니다. 하나님의 일하심을 드러내기 위해, '사무엘'이라는 이름이 가장 적절한 이름이었던 것입니다. 이제 우리가 살펴보려는 로스, 쓰다센, 가우처 역시 그러한 존재입니다. 그들은 조선 땅에 복음이 심기기 전, 하나님의 손에 붙들려 준비되었고, 선교의 문이 열리도록 쓰임 받았습니다. 우리도 다 다윗과 같은 사람이 될 필요는 없습니다. 우리들 중에 누군가는 사무엘과 같이 쓰임을 받는 자가 될 수 있을 것입니다. 이 첫 장은 그들의 이야기로 시작합니다.

#존 로스와 의주 청년들의 만남

한국 개신교 선교에서 놀라운 사실은, 선교사가 입국하기도 전에 한국인들에 의해 성경이 번역, 출판되었으며, 선교 사들보다 먼저 한국인들이 그 성경을 조 선 땅에 가지고 들어와 사람들에게 전달 했다는 점입니다. 이 성경을 읽은 사람 들 가운데 변화가 일어났고, 믿음을 중 심으로 한 자생적인 공동체가 형성되었 습니다. 이는 세계 선교 역사상 유례를 찾기 어려운, 한국 선교의 독특한 출발

존 로스

점입니다. 이 모든 일에 결정적으로 쓰임 받은 인물이 바로 존 로스(John Ross)입니다.

토마스 목사의 순교 6년 후인 1872년, 존 로스 선교사는 스코틀랜드 연 합장로교회 해외선교부 만주선교회의 첫 선교사로 파송을 받아 청나라 요 동반도 영구 지역의 중국인 선교를 하였습니다. 그의 본래 사명은 중국인을 대상으로 복음을 전하고 교회를 세우는 일이었으나 조선 선교로 더욱 확장 케 되었습니다. 결국 로스는 한문 성경이 아닌 한글로 성경을 번역하여 조 선에 보냄으로 토마스의 일을 이어받은 것입니다.

로스는 조선 선교를 위한 최전방 지역인 '고려문'을 방문하였습니다. 봉황성 인근의 작은 마을인 이곳은 청과 조선의 국경 지대이자, 유일하게 합법적인 교역과 왕래가 가능했던 통로였습니다. 조선이 쇄국정책을 시행하고 있었으므로 모든 문은 닫혀 있었고 오직 고려문만이 외부와 통할 수 있는 유일한 길이었습니다. 당시 임의로 압록강과 두만강을 건너는 자, 외국인과 접촉하는 자에게는 사형이 처해졌습니다.

고려문(책문)

로스는 이 고려문을 두 차례 방문하게 되는데, 그 첫 번째는 1873년 10월이었습니다. 그러나 당시 그는 큰 실망을 안고 돌아갑니다. 조선인들은 그가 전하려 했던 복음에는 별다른 관심을 보이지 않았고, 그가 할 수 있었던 일은 한 상인에게 한문 신약성서와 윌리엄 번즈가 번역한 전도서적 「정도계명」을 전한 것뿐이었습니다. 하지만 이 작은 일이야말로 한국 선교의 불씨가 된 역사적인 장면이 되었습니다. 이 상인은 로스에게서 받은 성경을 자신의 아들 백홍준에게 건넸고, 그는 비록 서상륜만큼 널리 알려지진 않았지만, 한국 초기 개신교 선교사에 버금가는 결정적인 조력자가 되었습니다. 그는 성경의 반입과 보급, 복음 전파에 깊이 관여하며, 조선 안에 복음이 뿌리내리는 데 큰 역할을 감당했습니다.

1876년 4월경, 강화도조약을 통해 조선이 문호를 열기 시작하면서, 로스는 두 번째 고려문 방문을 감행합니다. 그는 첫 방문보다 더 깊숙이 조선과 청의 중립지대에 위치한 유이민 중심의 한인촌으로 들어가, 많은 조선인들에게 성경과 전도 서적을 나누어주었습니다. 그러나 이번 방문에는 복음 전파 외에 또 하나의 중요한 목적이 있었습니다. 바로, 성경 번역을 위한 조선어 어학 선생을 찾는 일이었습니다. 이때 로스는 한 달에 네 냥을 주는 조건으로 이응찬을 만나게 되었고, 그는 로스의 어학 교사가 되어 성경 번역에 참여하게 됩니다.

백홍준

마침내 1879년 3월경, 첫 번째 조선인 세례는 로스의 동역자인 매킨타이어를 통해서 이루어집니다. 로스의 첫 번째 고려문 방문에서 전달한 신약성서를 읽고 관심을 가지고 온 상인의 아들 의주 청년, 백홍준과 그의 친구는 고향으로 다시 돌아가 자신들의 신앙을 고백하고 돌아와 순차적으로 무명의 친구가 먼저 세례를 받고, 그의 뒤를 이어 백홍준이 세례를 받으며, 처음 로스의 어학선생이 되었던 이응찬과 그의 친척까지 세례를 받습니다. 계속된 세례와 신앙 공동체의 형성 속에서, 로스의 동역자였던 매킨타이어는 처음에는 성경 번역에는 큰 관심이 없었지만, 로스가 약 2년간 안식년으로 자리를 비운 동안 조선인 사역의 중요성을 새롭게 인식하게 됩니다. 그는 점차 번역 사역에도 헌신하게 되었고, 마지막에는 서상륜의 합류까지 더해져, 1887년 최초의 한글 신약성경 『예수셩교젼서』가 완역·출판되는 열매를 맺게 됩니다.[1]

이처럼 첫 번째 신앙 공동체는 성경을 번역하는 사명을 감당한 이들로 시작되었습니다. 이제 그들에게 주어진 또 하나의 과제는, 그 생명의 말씀을 조선 땅에 널리 퍼뜨리는 일이었습니다. 더욱 구체적인 과정과 일들은 마지막 장에서 서상륜 이야기를 통해서 나누고자 합니다. 이들은 자신들이 번역하고 출판한 성경을 짊어지고 걸었고, 어디든지 가서 복음을 전했습니다. 사람들은 이들을 '권서인(勸書人)'이라 불렀습니다. 하나님의 말씀을 사람들에게 읽도록 권면한 자들이었기 때문입니다. 또한 이들은 '매서인(賣書人)', 곧 성경을 팔고 나른 이들이기도 했습니다. 존 로스의 헌신은 이제 수많은 권서인의 발걸음을 따라 조선 땅에 복음으로 번져가게 되었습니다.

---

1   로스와 서상륜에 관하여, 방승민, "한국초기선교와 서상륜"(협성대학교 신학대학원 석사학위논문, 2001)을 많이 참고하였습니다.

#쓰다센

하나님이 예비하신 만남, 중국에 로스와 의주 청년들이 있었다면 이제 일본에는 쓰다센과 이수정의 만남이 이루어졌습니다. 쓰다센을 통한 이수정의 회심은 다음과 같은 특징을 가집니다.

이수정

첫째, 그는 우리나라에 아직 선교사들이 들어오기 전에 일본에서 예수님을 믿고 세례를 받은 그리스도인이 되었습니다. 1885년에 언더우드와 아펜젤러가 들어오기 2년 전인 1883년 4월 29일에 세례를 받았습니다. 둘째, 그는 한문 성경을 한글로 번역하는 일에 쓰임을 받았습니다. 놀라운 것은 그가 번역한 한글 성경을 가지고 1885년 4월 5일에 언더우드와 아펜젤러가 들어온 것입니다. 그는 복음에도, 사역에도 선재적이었습니다. 셋째, 그는 한국 유학생들을 대상으로 기독교 공동체를 설립하였습니다. 그 자신이 예수를 믿을 뿐만 아니라 성경을 번역하고 그 번역된 성경을 가지고 유학생들에게 복음을 전하여 많은 유학생들을 전도하고 기독교 공동체를 세우게 됩니다. 넷째, 그는 한국판 마게도냐인으로서 쓰임을 받게 됩니다.

임오군란

　이수정의 이야기는 임오군란으로 거슬러 올라갑니다. 이전의 우리나라 군체제는 5영이었는데 이를 폐지하고 무위와 장어라는 2영만을 남기고 새롭게 신식군대인 별기군을 창시하였습니다. 2영의 구식 군인들은 신식 군인들에 비해 차별을 받았으며 군료를 무려 13개월이나 받지 못하였습니다. 일본의 경제침탈이 가속화되어 곡물이 일본으로 유출됨으로 곡물의 가격이 폭등함으로 백성들의 삶은 피폐하였으며 이러한 어려움 중에서도 고종의 아내인 민 씨 가문은 국고를 탕진하였습니다. 외부적인 문제와 더불어 내부적인 문제가 있었던 그러한 시대입니다.

　오랜 기다림 끝에, 전라도 조미선이 도착하였을 때에 구식 군인들에게 한 달 군료를 지급하였는데 그들이 받은 쌀에는 겨와 모래가 섞여 있었으며, 그나마 양도 절반밖에 되지 않았습니다. 이에 불만이 터져 나와 군란이 일어난 것이 바로 임오군란입니다. 임오군란으로 군인들은 신식 군대인 별기군의 일본인 교관을 살해하고, 일본 공사관을 공격하고, 명성황후를 죽이고자 궁궐을 습격하기까지 하였습니다.

　이러한 때에 등장하기 시작한 사람이 바로 이수정입니다. 민비의 조카가 민영익이고 이수정은 민영익의 둘도 없는 친구였습니다. 임오군란 중에 이수정은 농부로 변장하고 명성황후를 지게에 지우고, 거름이 나가는 것처럼 위장하여 무사히 명성황후를 피신시키게 됩니다. 참으로 놀라운 일입니다. 이 일로 말미암아 고종은 자신의 아내인 명성황후를 살린 이수정에게 높은 벼슬을 주고자 하였으나 이수정은 벼슬을 원하지 않고 단지 외국문물을 견학할 수 있도록 일본에 가는 것을 승낙해 달라고 고종황제에게 청원하였습니다.

제2차 신사유람단

1881년 제1차 신사유람단의 일원으로 일본에 다녀온 친구 안종수를 통해서 일본에 대한 정보를 들은 이수정은 일본의 선진 농업정책을 전수받아 한국에도 그것을 계승하고 싶은 열망을 가졌습니다. 안종수는 일본에서 쓰다센이라는 농업박사를 만나 농업 기술에 대한 이야기를 나누었고 더불어 기독교에 대해서 전해받았습니다. 그는 쓰다센이 보여준 산상수훈의 팔복의 글귀를 보고 놀라움을 금치 못하였지만 금교로 여겨진 기독교를 받아들일 수는 없었습니다. 안종수가 농업기술에 대해서 전수받음이 얼마나 큰 것인가는 그가 돌아와서 저술한 '농정신편'을 통해서 알 수 있습니다. 이것은 우리나라 최초의 근대 농업기술서적으로 국민들에게 농업선진의 중요성을 일깨우는데 큰 업적을 남겼습니다.

임오군란 때 명성황후를 구한 공로로, 이수정은 고종의 특명을 받아 1882년 9월 19일, 제2차 신사유람단에 비공식 수행원 자격으로 일본을 방문하게 됩니다. 이때에 이수정은 특별한 만남을 가집니다. 곧 친구인 안종수가 소개하였던 농업 박사 쓰다센을 만나게 됩니다.

쓰다센과의 만남

니지마 조(1843-1890)는 도시샤 대학의 설립자입니다. 도시샤 대학은 윤동주와 정지용의 시비가 있는 대학입니다. 그는 1864년에 밀항하여 미국으로 건너간 최초의 일본인 유학생 중 한 사람이며, 이후 메이지 유신 시대에 귀국하여 도시샤 대학을 설립했습니다. 에도 시대 말에 이처럼 유학을 하여 메이지 유신 시대에 고국에 돌아와 도시샤 대학을 세운 것입니다. 자신의 영광

니지마 조

과 안전을 위해 살지 않고 돌아왔던 것입니다.

니지마 조와 두터운 친분을 나누었던 사람이 바로 쓰다센(1837-1908)입니다. 쓰다센은 신선한 야채를 재배하기 위해서 미국으로부터 야채 씨를 주문하고 넓은 농토를 매입하여 광대한 농장을 운영하고 있었습니다. 그는 일찍이 미국 선교사가 전한 기독교를 받아들이고 니지마 조와 같이 일본이 근대화되려면 속히 기독교를 수용해야 한다고 주장했습니다.

쓰다센

쓰다센은 안종수에게 마태복음 5장의 담긴 족자를 선물하려고 했습니다. 쓰다센은 한국인에게 농학을 가르칠 뿐만 아니라 참된 진리와 생명으로 이끌어줄 기독교를 전하였습니다. 안종수는 한국에서는 국법으로 금교령에 의해서 기독교를 받아들일 수는 없었습니다. 그러나 안종수는 쓰다센을 이수정에게 소개하고, 이수정이 쓰다센을 방문하였을 때에 쓰다센은 이수정에 복음을 전하였습니다.

이수정이 농업에 관심을 가진 이유는 우리 민족의 가난의 문제를 해결하기 위해서입니다. 그러나 그곳에서 이수정은 쓰다센의 전도로 기독교를 접하게 됩니다.

우리나라의 유학자들은 하나님의 말씀인 성경을 읽으면서 회심의 역사를 경험하게 됩니다. 마치 이후, 강화도의 김상임이 존스 선교사가 건네준 한문 성경을 읽고 회심의 역사를 경험했듯이, 이수정 또한 쓰다센이 건네준 한문 성경을 통해 예수님을 영접하게 됩니다.

쓰다센은 이수정에게 팔복의 원전인 한문성경과 기독교교리의 내용이 담긴 미국 선교사인 윌리엄 마틴이 지은 천도소원을 선물로 주었습니다.

숙소로 돌아와 성경을 열심히 읽었던 이수정은 한 이상한 꿈을 꾸었습니다. 한 사람은 키고 크고 한 사람은 키가 작은 두 사람이 책이 꽉 차 있는 보따리를 걸머지고 이수정의 집에 찾아와서 그에게 벗어주었습니다. 이것이 무엇인가?라고 묻자 그들은 책이라고 대답하였습니다. 이에 무슨 책이냐고 묻자 이것은 조선의 모든 책들보다 가장 중요한 성경책이라고 하였습니다. 조선에게 제일 중요한 책, 성경책과 꿈에서 본 그 두 사람, 그리고 그들의 입에서 나온 말과 그들의 가방 속에 꽉 차 있는 책들이 눈에 선하여 생시같이 생각되어 도무지 잊을 수가 없었습니다. 이 꿈을 꾼 이후, 이수정은 한문성경을 깊이 탐독하게 되었고, 성경 말씀 속 진리의 빛에 의해 점차 회심에 이르게 됩니다. 이수정은 쓰다센에게 체계적인 성경공부를 받아 신앙의 급성장을 이루었습니다.

1882년 12월 25일, 이수정은 쓰다센의 안내로 오전 10시 15분 동경 축지교회의 성탄절 축하예배에 참석하였습니다. 이 교회 목사는 한국에서 온 방문객을 소개하였습니다. 그는 예배를 마치고 성탄축하 파티에서 성도들이 정성껏 준비한 음식을 먹으며, 쓰다센에게 세례를 받겠다는 의사를 표명하였습니다. 쓰다센은 야스가와 목사에게 이수정을 소개하여 이때부터 야스가와 목사와 미국 조지 녹스 선교사의 지도하에 성경공부를 열심히 하

이수정 세례 후로 추정되는 사진. 뒷줄의 왼쪽 끝이 오지 녹스 선교사, 중앙에 이수정, 앞쪽 중앙이 헨리 루미스 선교사

였습니다. 그리하여 1883년 4월 29일 동경 노월정교회에서 조지 녹스 선
교사에게 세례를 받았습니다. 그가 일본에 온 지 7개월 만에 이루어진 일
입니다.

이수정의 꿈은 한국선교를 위해 한문 성경을 한글 성경으로 번역하는 일
이었습니다. 자기 민족에게 성경을 주는 것입니다. 헨리 루미스 선교사의
제안으로 1883년 5월 중순부터 한문 성경을 한글 성경으로 번역하는데 착
수하여 세례를 받은 지 약 두 달 만에, 한문 성경에 한글 토를 단 '현토한한
신약성서'를 번역·출판하였습니다. 이 성경은 조선인을 위해 제작된 최초

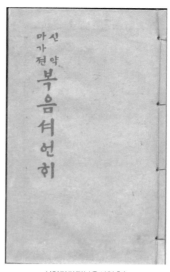

현토한한신약성서, 신약성서마가전   신약마가전복음셔언ㅎ|

의 '한글 혼용 성경'으로, 미국 성서공회의 일부 후원을 받아 1884년경 일본 요코하마에서 출판되었습니다. 비록 완전한 한글 성경은 아니지만, 이는 한국인이 주도한 첫 성경 번역으로서 큰 의의를 가집니다. 이와 같은 현토한한신약성서는 1883년 6월부터 1884년 4월까지 신약성서마태전부터 신약성서사도행전까지 번역하였고, 1885년 2월에 '신약마가젼복음셔언ㅎ1라는 이름으로 일본 요코하마에서 미국성서공회를 통해 간행되었습니다. 이는 국역된 한글문헌이라는 점에서 선교사적 가치는 물론이거니와 국어학적인 측면에서도 주목할 만한 번역본입니다.

1883년 5월 동경에서 열린 제3회 전국기독교도 대친목회 사진. 앞줄 오른쪽에서 4번째가 이수정, 다섯 번째가 쓰다센, 둘째 줄 오른쪽에서 4번째가 니지마 조, 5번째가 우찌무라 간조

　이수정의 성경 번역은 단지 언어 작업이 아니었습니다. 그것은 조선이라는 땅에 복음이 들어올 수 있도록 길을 닦는 일이었고, 말씀이 조선 백성의 언어로 말하기 시작하는 기적의 출발점이었습니다.

　놀라운 것은 1885년 4월 5일 최초의 내한 선교사인 언더우드와 아펜젤러 선교사가 일본을 경유하여 한국에 입국할 때 가지고 온 성경이 바로 이 마가복음 번역본이었다는 것입니다. 피선교지의 언어로 번역된 성경을 가지고 입국했다는 것은 세계 선교역사에서도 그 유례를 찾아볼 수 없기 때문입니다.

제1차 신사유람단의 수행원으로 일본에 함께 갔다가 그곳에 정착한 승려 출신의 대학자 손봉구라는 인물이 있었습니다. 원래 이수정과는 서울에 있을 때부터 친한 친구였는데 이수정은 손봉구와 함께 어떻게 하면 조국이 개화되어 일본과 마찬가지로 문물이 발달될 수 있을까 염려하는 가운데 그 대안으로 미국의 기독교 문화를 도입하는 것이 지름길이라고 제시하였습니다. 선교사들이 조선에 건너가 학교와 병원을 개설하여 한국을 깨우쳐주면 나라가 발전할 것이라고 역설하며 친구인, 불교의 승려인 손봉구를 전도하기에 이릅니다. 이수정의 전도는 손봉구에 이른 것만이 아닌 불교인인 김옥균을 비롯하여 일본에 온 30여 명의 유학생들 중에 절반을 전도하기에 이릅니다. 그리하여 개화파의 핵심 인물인 서재필, 김옥균, 홍영식, 서광범 등에게 개신교 교리를 전파하였습니다. 이러한 노력으로 주일학교 예배가 드려지게 되고, 주일마다 설교자를 초청하여 정기적인 예배를 드리게 되었으며 1883년 말 동경에 세워진 최초의 한인교회가 세워지게 되었습니다.[2]

---

2 이수환, 「이수정 선교사 이야기」(용인: 도서출판 목양, 2012), 70-73쪽.

마지막으로 살필 것은 한국판 마게도냐인으로서 이수정이 쓰임을 받은 일입니다.

한국에 개항이 시작되며 한국에서의 기독교 선교는 더 이상 지체할 수 없는 때였습니다. 이때에 열심히 있는 일본 교회지도자들은 자신들이 먼저 한국으로 건너가 선교 사업을 벌이겠다고 제의하였습니다. 이에 대해서 이수정은 두 가지 이유로 반대하였습니다. 첫째, 일본의 문명이 뛰어나나 일본 또한 문호를 개방하여 얻은 발전이었습니다. 남의 손에 거친 문명을 아니라 직접적으로 미국에 의해서 복음이 전해지기를 바랐습니다. 둘째, 한일 간의 오랜 역사적 감정 문제와 정치적 문제가 있었기에 일본이 아닌 직접적으로 미국에 의해서 복음도 서구 문명도 받아들이기를 원했습니다.

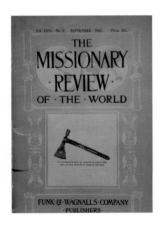

이수정은 한국에 대한 선교 열정으로 두 차례에 걸려 1883년 7월과 12월에 미국 선교부에 한국 선교사를 파송해 줄 것을 요청하였습니다. 그래서 그의 편지가 선교잡지인 '세계선교평론지'의 '크리스마스 아동'란에 게재되었습니다.

"예수 그리스도의 종 나 이수정은 미국교회의 형제자매들에게 인사를 드립니다. 믿음과 진리의 능력으로 나는 주의 놀라운 축복을 받았으며, 나의 행복은 이루 말할 수 없습니다. 여러분의 기도와 간구로 우리는 우리의 신앙을 확고히 지킬 수 있으며, 결코 사단에 의해서도 제거될 수 없기 때문에 주님께 찬양과 영광을 돌립니다.

우리의 조국에서 수많은 백성들이 아직 참 하나님의 길을 모르고 있으며, 이방인으로 살고 있습니다. 그들은 아직 주님의 은혜의 복음을 받아들이지 않았습니다. 이 복음 전래의 시대에, 우리나라는 불행히도 눈에 띄지 않는 지구촌의 한구석에 위치하고 있어 그곳에서는 기독교의 축복을 아직 누리지 못하고 있습니다. 그러므로 나는 복음이 확장될 수 있도록 성경을 한글로 번역하고 있습니다. 이 일이 성공할 수 있도록 나는 밤낮으로 기도하고 있습니다. 마가복음이 거의 완성되었습니다. 다섯 명의 나의 동포들이 나와 같은 생각을 갖고 있습니다. 그들은 이미 세례를 받았습니다. 성경의 가르침을 받아들이는 자들이 점차 늘어나고 있으며, 장차 기독교인이 될 것으로 기대되는 숫자가 매일 증가하고 있습니다.

과거 칠, 팔십 년 동안 불란서 선교사들이 한국에서 비밀리에 복음을 전해 왔습니다. 그러나 정부는 엄격히 그 종교를 금했고, 회심자들은 남녀노소를 가리지 않고 사형에 처해졌습니다. 그러나 그들은 자신들의 신앙을 굳게 지키고 승리의 죽음을 맞았던 것입니다. 사형에 처해진 사람들의 숫자가 십만 명이 넘습니다. 비록 이 사람들은 주의 가르침을 잘못 이해했지만 그들의 신앙은 예찬할 만하며, 그것은 사람들이 복음을 받을 준비가 되어 있음을 보여 주는 것입니다. 신부들 역시 종종 박해를 받았으나 그들은 결코 위험을 두려워하지 않았습니다. 현재 정부는 나라를 개방해 다른 나라와 교류를 하고 있으며 국민의 여건을 증진시키기 위해 열심히 노력하고 있습니다. 따라서 정부는 과거보다는 기독교에 대해 좀 더 완만한 정책을 쓰고 있으며, 그러므로 비록 기독교를 공개적으로 허용한 것은 아니지만 기독교인들을 박해하려고 하지는 않습니다. 최근에 완석작(Wan-Sok-Chuk)이라는 한 중국 기독교인이 우리 왕에게 신약성경 한 권을 헌정했으나, 정부가 이를 방해해 왕이 그것을 하사받지 못했습니다. 왕은 매우 불쾌해 했고, 그 일이 현재 중요한 논제가 되었습니다. 먼저 우리는 어려움들이 있으리라고 기대합니다만 그것들은 곧 해결될 것입니다. 나는 이것이 한국에 복음을 전하는 황금 기회라고 생각합니다. 귀국은 기독교 국가로 우리에게 잘 알려져 있습니다. 그러나 만일 여러분이 우리에게 복음을 전하지 않는다면, 나는 다른 민족들이 선교사들을 보낼 것이라고 우려하는 바입니다. 그리고 만일 그렇게 되면 그러한 가르침들이 주의 뜻과는 일치하지 않을 것이라고 우려하는 바입니다. 비록 나는 별로 영향력이 없는 사람이지만, 여러분들이 보내는 선교사들을 돕기 위해 최대한 노력하겠습니다. 나는 매우 진지하게 여러분들이 여기 한국 선교를 위해 노력하고 있는 이들과 상의할 수 있는 어떤 사람을 일본에 보내 스스로 한국 선교를 준비할 수 있도록 도와줄 것을 요청합니다. 이것은 가장 훌륭하고 안전한 계획이라고 나는 생각합니다. 여러분이 나의 말에 주의를 기울여 주기를 간구합니다. 만일 나의 요구가 허락된다면 나의 기쁨은 이루 형언할 수 없을 것입니다. 그리스도의 종, 이수정."

언더우드는 사실 중국이나 인도 선교를 원하였습니다. 구체적으로 어느 나라로 갈지 정하지 못하고 있었습니다. 그때에 일본에서 회심한 한 한국인 귀족으로부터 선교사를 보내달라는 호소 편지를 받게 됩니다. 곧 이수정(일본명: 리주테)입니다.

이수정의 편지를 받고 가슴이 뜨겁게 온 선교사들이 바로 언더우드 아펜젤러입니다. 그리고 이들은 이수정이 최초로 번역한 마가복음을 가지고 한국 땅을 밟은 것입니다.

이수정은 복음의 불씨가 조국에 붙기를 바라는 마음으로, 계속해서 세계 선교계에 강력한 호소문을 전했습니다. 1884년 3월 이수정은 헨리 루미스 선교사의 이름으로 '세계선교평론지'에 선교 호소문을 실었고, 1884년 9월에는 '외국 선교사'에 조지 녹스 선교사의 이름으로 '한국의 상황'이라는 제목으로 열정을 다하여 한국선교의 긴박성을 발표하였습니다. 이러한 선교 호소문의 편지를 외국 선교지에 실어 많은 미국 신학생들로 하여금 읽게 하였습니다.

　우리는 이 시대에 무엇을 할 수 있을까요? 비록 이수정의 시대에는 아직 고국에 믿는 사람이 아무도 없었던 그러한 때였지만, 앞으로 이루어질 복음화를 통한 기대와 소망의 때였습니다. 그러나 지금은 반대로 많은 그리스도인이 있지만 앞으로 점차 복음이 축소되는 절망 가운데 있습니다. 그러나 우리는 절망하지 않습니다. 오히려 복음을 더욱 전하는 자의 귀하고 복된 삶을 기대합니다. 복음의 오지에서 복음을 위해서 헌신했던 믿음의 선배들의 믿음을 또한 본받아 오늘날 이 시대 가운데에서도 복음의 일을 온전히 감당하여야 합니다. 이수정의 시대에 복음은 아직 오지 않은 미래를 향한 믿음의 씨앗이었고, 오늘 우리의 시대는 그 열매 위에 다시 씨를 심을 순종의 시간입니다.

#가우처와 보빙사의 만남

우리 역사에 있어서 개항이 시작된 것은 1876년 일본과의 강화도 조약으로부터입니다. 일본과의 조약에 이어 여러나라들과 조약을 맺게 되는데 특별히 중요한 조약이 바로 미국과의 조약인 1882년 5월 22일 조미통상 조약입니다. 역사의 한 중요한 시점에 복음을 위한 하나님의 섭리가 함께 있었습니다.

현재 안타깝게도 조미수호통상 조약이라는 이 중요한 체결에 대한 사진 자료는 찾을 수 없고 다만 위의 일러스트는 영국의 '일러스트레이티드 런던 뉴스' 1882년 9월 2일자 보도입니다.

이때가 중요한 또 다른 의미는 이때에 우리나라에 처음 태극기의 도안이 소개되었습니다. 조선과 미국은 상호통상 조약을 맺으면서 상호 국기를 교환했는데 이때 미국 전권대표였던 슈펠트 해군 제독의 문서 속에서는 교환한 태극기의 도안이 담겨 있습니다. 이 문서는 현재 미국 의회 도서관에 소장되어 있습니다. 당시 역관이었던 이응준이 처음 태극기를 도안한 것으로 전해지며 이러한 태극기는 1882년 8월에 수신사로 일본을 방문한 박영효에 의해서 일본 숙소에서도 태극기를 게양하고, 1883년 조선은 정식으로 태극기를 국기로 채택하게 됩니다.

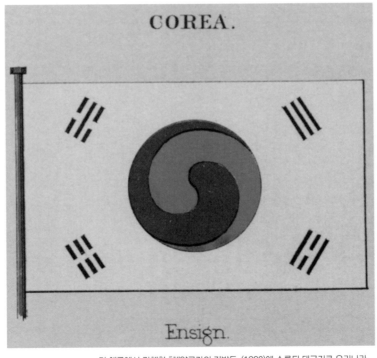

미 해군에서 간행한 『해양국가의 깃발들』(1882)에 수록된 태극기로 우리나라 최초의 태극기의 모습으로 추정됩니다.

미국 도착 후 보빙사. 뒷줄 왼쪽부터 무관 현흥택, 통역관 미야오카 쓰네지로, 수행원 유길준, 무관 최경석, 수행원 고영철, 변수. 앞줄 왼쪽부터 퍼시벌 로웰, 홍영식, 민영익, 서광범, 중국인 통역 우리탕.

조미통상조약이 있은 후에 미국은 정동 덕수궁 뒤에 영사관을 처음 세웁니다. 이에 조선은 미국에 견미단, 보딩사라고 하는 사절단을 보냅니다.

사절단 일행은 1883년 7월 16일 제물포를 떠나 일본을 거쳐 9월 2일에 샌프란시스코에 도착했습니다. 이틀 후인 9월 4일에 미 대륙횡단열차를 타고 시카고, 뉴욕, 워싱턴에 이르는 여정이었습니다. 사절단이 9월 12일 시카고에 머물고 다음 날 워싱턴을 향하는데 이때 운명적인 만남이 있었습니

가우처

다. 가우처 목사가 이 사절단 일행을 만나게 됩니다. 이 만남은 참으로 운명적인 만남이었습니다. 가우처 목사는 워싱턴에서 가까운 볼티모어의 감리교 목사로 시카고에 갔다가 돌아오는 길에 사절단을 만난 것입니다.

여기에는 우습지만 깊은 의미가 있는 일화가 있습니다. 가우처 박사는 모자를 수집하기도 하고 모자에 관심이 많았다고 합니다. 자신이 이전까지 보지 못한 모자를 쓰고 있는 사람이 매우 인상 깊었을 것입니다. 사절단에게는 통역관이 있으니 의사소통에는 어려움이 없었습니다. 그래서 묻기를 이것이 무엇입니까? 물으니 '갓'이라고 하였습니다. 영어로 '갓'은 하나님입니다. 이 사람들은 어떠한 사람인지는 모르나 하나님을 쓰고 다니는 사람들인 것입니다. 또 어디서 왔냐고 물으니 조선에서 왔다고 하였습니다. 조선은 영어로 '선택된'이라는 의미를 가지고 있습니다. 선택된 사람들이 하나님을 쓰고 다니니까 정말 대단한 사람들이 아닐 수 없는 것입니다.

세계 선교에 관심이 있었던 가우처 목사는 교단 총회선교위원회에 조선 선교를 속히 착수해 달라는 청원서신을 보내며 2천 달러를 약속하였습니다. 이에 총회선교위원회는 조선선교를 위해서 5천 달러를 책정하되 이 중에 2천 달러는 가우처의 특별헌금으로 충당하게 됩니다. 가우처는 기다리기만 한 것이 아니라 더 적극적으로 친구인 매클레이에게 친필서한을 보내 직접 조선에 방문하여 선교를 가능성을 타진해 줄 것을 부탁하였습니다. 이에 매클레이는 1884년 6월 8일 요코하마를 떠나 나가사키를 거쳐 6월 20일에 부산항에 도착하고 43시간 항

매클레이

해 후 6월 23일에 제물포항에 도착하였습니다. 이 여정에서 의미 있는 것은 매클레이는 고종을 만나 선교 윤허를 받아낸 것입니다. 이에 미국 북감리회 선교사는 의료 선교사로 스크랜턴, 교육선교로 아펜젤러, 스크랜턴의 어머니 메리 스크랜턴을 각각 임명하였습니다. 이것이 바로 감리교를 통한 선교의 역사입니다. 한국 선교의 시작에 관한 이야기입니다.

중국의 로스와 의주 청년들, 일본의 쓰다센과 이수정에 이어 미국에서는 가우처와 보빙사의 만남이 있었습니다. 이는 모두 하나님의 일하심입니다. 선교는 하나님의 선교입니다. 우리가 하는 것 같지만 사실은 우리를 통해서

일하시는 것입니다. 하나님의 예비하심이 있습니다. 그러므로 우리에게 필요한 것은 하나님의 부르심과 섭리에 대한 순종입니다.

한 알의 밀알
그리 아니하실찌라도

02

한 알의 밀알
그리 아니하실찌라도

성과 vs 순종

어떠한 일에 대한 평가는 사람들마다 다릅니다. 그러나 이러한 사람들의 평가보다 더 다름은 하나님과 사람 사이의 평가의 차이입니다. 사람의 평가의 기준은 그 사람의 성공과 성과에 있습니다. 그러나 하나님의 평가는 이러한 사람들의 보이는 평가보다도 더 근본적인 기준을 제시합니다. 그것은 바로 '순종'입니다. 어떠한 일의 성과는 우리들이 그렇게 쉽게 볼 수 있고 판단할 수 있는 바가 아닙니다. 최종적인 열매는 때로는 감추어있고, 기다려지기에 사람들이 내리는 평가에 쉽게 좌지우지되어서는 안 됩니다. 우리는 이러한 가치 중의 한 예를 바로 데이비스를 통해서 봅니다.

하나님께서는 아브람에게 말씀하셨습니다.

"너는 너의 고향과 친척과 아버지의 집을 떠나 내가 네게 보여 줄 땅으로 가라 내가 너로 큰 민족을 이루고 네게 복을 주어 네 이름을 창대하게 하리니 너는 복이 될지라 너를 축복하는 자에게는 내가 복을 내리고 너를 저주하는 자에게는 내가 저주하리니 땅의 모든 족속이 너로 말미암아 복을 얻을 것이라"(창 12:1-3)

너무나도 유명한 이 말씀은 크게 두 부분으로 나누어져 있습니다. 처음 말씀은 아브람에게 순종을 요구하시는 말씀입니다. 그것은 단순합니다. "너는 너의 고향과 친척과 아버지의 집을 떠나 내가 네게 보여 줄 땅으로 가라"라는 것입니다.

다음으로는 하나님께서는 행하실 일입니다.

"내가 너로 큰 민족을 이루고 네게 복을 주어 네 이름을 창대하게 하리니 너는 복이 될지라 너를 축복하는 자에게는 내가 복을 내리고 너를 저주하는 자에게는 내가 저주하리니 땅의 모든 족속이 너로 말미암아 복을 얻을 것이라"

순종은 사람의 일이고 순종의 결과는 하나님의 일입니다. 사람이 행할 것이 있고, 하나님이 행하실 일들이 있습니다. 일의 열매는 사람으로 말미암은 것이 아니라 하나님께서 행하실 것입니다. 이제 우리들에게도 자명합니다. 우리들이 돌아가야 하며 살펴야 할 바는 바로 '순종'의 자리입니다. 순종의 결과가 당장에 우리들의 눈에 보기에는 너무나 보잘것없을 수 있습니다. 초라하게 보일 수 있습니다. 허망하게 보일 수도 있습니다. 그러나 우리는 아직 다 알 수가 없습니다. 결국 하나님께서 행하실 것입니다.

헨리 데이비스(J. H. Davies, 한국명: 덕배시)

　데이비스 자신의 삶만으로는 너무나 허망합니다. 그는 1889년 10월 2일 그의 누나 메리 데이비스와 함께 부산 땅을 밟았습니다. 데이비스의 조선에서의 삶은 부산에서 시작해서 부산에서 마칩니다. 그는 약 5개월 간 서울에서 체류하며 선교사로서의 최우선 과제인 언어 교육에 최선을 다하였습니다. 그리고 선교 답사를 위해서 1890년 3월 14일 서울을 떠나 부산으로 향하였고 마침내 1890년 4월 4일에 부산에 도착하나 다음날인 4월 5일에 눈을 감았습니다. 이 여행에서 천연두에 감염되고 폐렴까지 겹치며 극도로 허약해져 마지막 5일간은 아무것도 먹지 못하였고 결국 그의 생명으로 이 땅에 심었습니다.

　그러나 그의 끝은 끝이 아닌 하나님의 시작이 되었습니다. 그의 뒤를 이어 호주의 126명의 선교사들이 부산과 경남 지방의 선교사로 자원하게 되었습니다. 한 사람으로는 무력하였으나 한 사람이 아닌 백 명이 넘는 선교사들이 그의 뒤를 따랐던 것입니다. 이는 한 사람의 순종에 대한 하나님의 일하심입니다.

데이비스와 그의 누나 메리 데이비스

데이비스

    데이비스는 호주의 영국교회 선교회(CMS) 파송으로 인도에서 2년간 활동하였던 선교사였습니다. CMS는 해외 선교를 위한 18세기 말기에 설립된 성공회의 단체로 복음주의자들이 중심이 되어 1799년에 설립된 교회선교회(Church Mission Society: CMS)입니다.

    데이비스를 인도 선교에서 조선으로 인도해 준 사람이 있습니다. 바로 울프입니다. 중국 복주에서 CMS 책임자였던 울프(J.R. Wolfe)는 우연히 한

울프

국 선교를 떠나는 알렌을 나가사키에서 만나 함께 한국을 방문하였습니다. 짧은 여정이었지만 한국의 기독교 선교의 필요성을 깨닫고 영국 성공회 선교부조차 한국 선교에 대한 관심이 없었을 때에, 울프는 복주의 기독교인들과 호주의 친구들로부터 선교지원금을 받아 두 명의 중국인 전도사를 대동하고 1885년 11월 부산으로 떠나 그곳을 근거지로 선교활동을 벌였습니다. 그러나 이후 울프가 1887년에 두 번째 선교 여행을 올 때까지 아무런 기록이 없고 이 전도사들은 이후 한국의 초대 성공회 주교가 된 코프와 합류하지 못한 점 등으로 보아 성공적이지 못한 것으로 여겨집니다.

울프는 2차 선교 여행 후에 호주에 선교사 파송을 요청하는 호소문을 보냈습니다. 자신의 부산 방문에 대한 이야기와 부산에 선교사가 필요하다는 내용의 호소문을 멜버른에 있는 마카트니(H.B. Macartney) 목사에게 보냈고 그는 자신이 발간하는 선교잡지인 「국내외선교」(*The Missionary at Home and Abroad*)에 발표하였습니다.[1]

---

1 이상규, 『부산지방에서의 초기 기독교』(부산: 도서출판 카리타스, 2019), 52-53쪽.

1884년 코필드그래머 학교의 교사들과 함께 한 교장 데이비스(앞줄 가운데)

　2년 간의 인도 선교사 활동 후에 악화된 건강으로 호주에 돌아올 수밖에 없었던 데이비스는 귀국 후 멜버른에서 멜버른 대학을 졸업하고 코필드그래머 학교를 창립합니다. 자신의 건강은 회복되었으나 어머니를 보양하는 일로 인도로 돌아가지 못하던 중에 어머니께서 돌아가신 후에(1886년) 인도로 다시 돌아가고자 하는 찰나였습니다. 바로 이때에 데이비스는 울프의 편지를 접하게 되고 그 결과 이것이 데이비스 목사가 호주 최초의 한국 선교사로 자원하였고, 호주 장로교 선교부 설립의 계기가 되었습니다.

데이비스는 서울에서 언더우드와 함께 지냈습니다. 언더우드는 데이비스와 함께 서울에서 사역하기를 원하였으나 데이비스의 마음은 선교사 없는 부산에 있었습니다. 언어적인 탁월함으로 5개월 만에 일상의 대화와 설교까지 가능하게 되었을 때에 이제 본격적인 사역을 위해서 서울을 떠나 부산을 향하였습니다. 수원과 공주를 거쳐 하동까지 이르러 다시 산청, 함안, 김해를 거쳐 부산까지 이르는 20일간의 여정이었습니다. 그리고 인도에서처럼 다시 몸의 무리가 왔습니다.

데이비스의 마지막은 선교사 게일의 의해서 증거됩니다. 일본인이 운영하는 호텔에 간신히 이르렀으나 누군가의 필요가 절실하였던 데이비스는 당시 부산에 거류하였던 게일에 연통하여 게일의 거처로 옮겨져서 일본인 의사인 키타무라의 왕진을 받고 일본인 병원에 옮겨졌으나 다음날인 4월 5일 1시경에 34세의 나이로 세상을 떠났습니다. 게일은 이 모든 일의 증인이었으며 그를 부산 앞바다가 환히 보이는 복병산에 묻었습니다. 게일은 4월 6일에 서울에 남아 있는 데이비스의 누나 메리에게 데이비스의 죽음에 관하여 편지를 보냈습니다.

1890년 4월 5일 데이비스의 개인적인 삶은 끝이 났으나 하나님의 선교는 끝나지 않았습니다. 도리어 이제 시작이 되었습니다. 그리 아니하실지라도 우리는 하나님의 신실하심을 믿습니다. 데이비스는 그의 삶에 가장 값진 순종을 하나님께 드렸습니다. 그는 자신의 부르심을 따라 행하였습니다. 데이비스의 순종의 열매는 그 자신에 의해서 일구어지는 것이 아니라 하나님께서 이루시는 일입니다. 잃어버린 순종의 자리를 되찾아야 합니다. 그곳이 바로 돌아가야 할 자리입니다. 비록 때로는 삶의 결과가 우리들을 낙심케 하나 이는 사람의 생각일 뿐입니다. 순종은 가장 아름다운 인생의 흔적이며 기억입니다.

1910년 부산에 묻힌 데이비스 선교사 묘비 앞에서 제수 J. Davies와 조카 마가렛(우측)

이면 and 하나님의 섭리

　기도할 때에 눈을 감는 이유는 무엇일까요? 기도에 집중하기 위해서 눈을 감기도 하지만 기도는 눈에 보이지 않는 것을 보게 하기 때문입니다. 보이는 것 이면의 더 큰 이야기가 있으며, 이 모든 것을 운행하시고 이끄시는 하나님의 섭리가 있습니다. 그러므로 우리는 눈을 감을 때에 이러한 새로운 영역에 작은 한걸음을 내딛게 되는 것입니다. 그러므로 보이는 것에 의해서 절망하고 좌절하는 것은 어리석은 일입니다. 모든 것을 합력하시고 운행하시는 하나님의 섭리와 역사 앞에서 우리는 기대하고 기다려야 합니다. 기도는 이러한 것입니다.

맥켄지

　호주 빅토리아장로교회에 데이비스라고 하는 한 알의 밀알이 있었다면, 캐나다 장로교회에는 맥켄지가 있었습니다. 이들은 한 사람의 독립된 선교사의 헌신과 짧은 선교사역이었지만 그들이 한 알의 밀알이 됨으로 수많은 결실을 얻게 됩니다. 살아서 쓰임을 받는 자들이 있는가 하면 죽음으로 사명을 완수하고 죽어서 쓰임을 받는 자들이 있는 것입니다.

윌리엄 맥켄지(William John McKenzie)

앞서 살펴본 호주교회는 부산경남지역을 주로 사역하였다면, 캐나다교회는 반대편에 위치한 함경도 지역에서 선교활동을 하게 됩니다. 이들의 주 무대는 멀리 떨어져 있었지만 그 내용과 가치는 함께 합니다. 중앙이 아닌 변두리에 해당되기에 다소 덜 알려졌지만 그들의 활동과 메시지는 결코 작지 않습니다.

윌리엄 맥켄지는 1861년 7월 15일 캐나다의 케이프 브레튼 아일랜드 서부의 웨스트 베이(West Bay)에서 태어났으며, 이후 핼리팩스(Halifax)의 달하우지 대학교(Dalhousie College)와 장로교 신학교에서 공부한 후, 1891년 4월에 목사가 되었습니다. 그는 공식적인 파송이 아닌 개인적인 친구들의 선교 도움을 받으며 독립 선교사로 조선에 오게 됩니다.

캐나다장로교의 해외선교위원회는 1915년에 해외선교회라는 이름으로 통합하기 전까지, 1875년부터 1915년까지는 서부와 동부의 두 지국이 있었습니다.[2] 맥켄지는 캐나다장로회 해외선교위원회 동부지국에 한국선교를 위한 요청이 재정적인 어려움의 이유로 거절되자 순회강연을 하며 스스로 모금 활동을 하였습니다. 캐나다장로회 해외선교부는 1898년에 이르러서야 한국에 선교사를 공식적으로 파송하였습니다. 그러므로 아직 선교사를 한국에 파송하기도 전에 맥켄지는 한국 땅을 밟은 것입니다.

---

2 탁지일, "캐나다교회의 초기 한국선교," 『부산장신論叢』 제5집(2005, 11), 111쪽.

엘리자베스 A. 맥컬리(Elizabeth A. McCully)가 저술한 『A Corn of Wheat, or, The Life of Rev. W.J. McKenzie of Korea』는 1903년에 출판된 전기로, 조선에서 순교한 캐나다 선교사 윌리엄 존 맥켄지(William John McKenzie, 1861-1895)의 삶과 사역을 조명한 책입니다.

그는 한국에 오기 전부터 선교에 대한 꿈을 꾸고 있었습니다. 캐나다 북극 지방에 있었던 원주민들과 함께 18개월을 보내었습니다. 특별히 래브라도 섬 지역으로 가는 선박에서 한국에 관한 책을 읽고 그는 조선 선교에 대한 꿈을 키우게 됩니다.

맥켄지는 한국에서 단순히 복음을 전하는 것에 그치지 않고, 고통받는 사람들을 실제로 도울 수 있는 능력을 갖추기 위해 의료 기술을 배우는 데 집중하였습니다. 그는 캐나다 노바스코샤(Nova Scotia)로 돌아간 후, 스튜이악 이스트(Stewiacke East)에 있는 연합교회(Union Church)에서 2년 동안 사역하며 선교사로서의 삶을 준비했습니다. 이 시기 동안 그는 기본적인 의학 지식과 치료 기술을 배우고 훈련받았습니다. 당시 조선은 의료 혜택이 매우 제한적이었기 때문에, 선교사가 의술을 겸비하는 것은 현지인들과 접촉하고 신뢰를 형성하는 데 매우 효과적인 전략이었습니다. 맥켄지는 이러한 준비를 통해 단지 복음을 말로 전하는 데 그치지 않고, 몸소 섬기는 선교를 실천하고자 하였습니다.

비록 맥켄지의 한국에서의 선교사역은 짧은 기간이었으나 그가 남긴 일기를 통해서 그의 사역이 어떠했는지를 자세히 알 수 있습니다. 처음부터 그는 자신의 죽음을 예견했을까? 캐나다 밴쿠버를 떠나며 이와 같은 글을 남겼습니다.

"배에 오르려는 지금, 나는 한 번도 내 조국을 떠나기를 원했던 적이 없었음을 기억하였다. 하지만 아무런 후회도 없다. 오직 내 은혜가 내게 족할 뿐이다. 이것은 희생이 아니다. 이제는 한국이 나의 조국이 되기를 소망할 뿐이다. 하나님의 영광을 위하여 오랫동안 그곳에서 주님이 맡겨주신 일을 열심히 하기를 소망한다. 만약 죽음이 나를 삼키울지라도, 승리의 나팔이 울려 퍼지는 그 날까지, 한 줌의 재로 남아 한국 사람들 가운데 어우러지고 싶다."

최초의 소래교회의 예배 처소, 소래교회를 기억할 때에 서상륜과 더불어 맥켄지를 기억하여야 합니다. 비록 맥켄지는 소래교회 완공을 보지 못하였지만 소래교회가 가진 자립의 정신은 바로 맥켄지가 심어준 것입니다.

1893년 10월에 캐나다를 떠나 12월 12일에 부산에 도착했습니다. 무엇보다도 먼저 한국어를 배우기 위해서 황해도의 소래로 향하였습니다. 그러나 맥켄지가 소래로 향한 것은 단지 언어 문제만은 아니었습니다. 소래는 처음 교회가 세워진 곳이므로 선교사가 머물기에 적당한 곳이면서도 동시에 자비량 선교사로서 그가 가지고 있는 재정으로 살기에 적당하였을 것입니다. 그는 철저하게 조선 사람들처럼 살았습니다. 서상륜에 의해 세워진 소래교회에 대한 이야기는 앞으로 서상륜에 관한 이야기에서 자세히 살필 수 있을 것입니다.

그는 스스로에게 편한 서양 옷을 벗었습니다. 그리고 낯설고 불편한 조선의 옷을 입었습니다. 그는 조선 사람들과 똑같은 음식을 먹었습니다. 먹는 것과 입는 것을 바꾼다는 것은 결코 쉬운 일이 아님에 불구하고 조선 사람에게 복음을 전하기 위해서 먼저 스스로 조선 사람이 되고자 하였습니다. 그가 살던 집은 조선 사람의 집이었습니다. 집조차 그에게는 안락한 처소가 되지 못하였습니다.

그가 이와 같이 어려운 생활을 하고 있는 것을 알고 있는 언더우드 선교사의 아내인 릴리아스 언더우드는 1894년 크리스마스에 맥켄지에게 수제빵, 케이크, 통조림, 과일 등이 담긴 상자를 보냈습니다. 그러나 맥켄지에게 있어서는 감사한 일이나 이 또한 유혹이 되었습니다. 맥켄지는 맛을 보면 다시 이전과 같은 생활로 돌아갈 수 없어 오히려 맛보기를 두려워하였습니다. 대신 그는 마을 아이들을 모아 음식을 나눠주었습니다.

맥켄지는 일 년 반이라는 짧은 기간 동안 소래교회와 함께 하였지만 두 가지 큰 사건을 경험합니다. 첫 번째는 외적인 사건이었고, 두 번째는 내적인 일이었습니다. 먼저 외적인 큰 사건의 경험은 동학혁명이었습니다. 적응조차 힘들 때에 동학혁명이 일어나 생명의 위기가 되었습니다. 그러나 그는 소래를 떠나지 않았습니다. 이러한 위기는 오히려 그에게는 마을 사람들과 더 깊은 관계로 들어갈 수 있는 기회가 되었습니다. 동란으로 다친 사람들을 지극정성으로 돌보아 주었고 청나라 군인들을 두려워함 없이 조선인들을 보호하고 돌보았습니다.

동란의 위기에 관하여 맥켄지는 친구에게 보낸 편지가 남아 있습니다.

"지난 겨울 두 번씩이나 나의 생명이 위태로웠다. 나는 그때 죽는 줄 알았다. 그러나 다행히 가까운 지역에서 17명의 일본 상인들과 3명의 승려들이 죽임을 당했음에도 불구하고, 단 한 사람의 기독교인들도 동학교도들이나 다른 어떤 위협으로부터 희생되지 않았다."[3]

동란의 위기 속에서 조선인들을 돌보는 것만으로 그들의 생명을 구할 수는 없었습니다. 그러므로 그에게는 더 큰 지혜가 필요했습니다. 그는 기도 가운데 십자가를 새긴 깃발을 장대에 높이 달아 교회당 앞에 세웠습니다. 이는 모든 사람들에게 이정표가 되었습니다. 십자가 깃발은 동학군과 정부군과 청나라 군사들에게도 평화의 깃발이 되었습니다.

다음의 기록으로 생생한 복음의 현장을 엿볼 수 있습니다.

"세 명의 동학 지도자들이 지금 자기 집에서 '예수의 교리'를 공부하고 있으며, 교회 건축에도 헌금했습니다. 저는 이 지역의 새 부사(현감)와 동학

---

3 맥켄지가 1895년 5월 1일 그의 친구 Burgess에게 보낸 편지.

지도자 사이에 면담을 성사시켰습니다. 그 과정에서 동학 지도자의 편지와 부사의 명함을 가져갔습니다. 이 지도자가 말만 하면 수천 명이 창과 화승총을 들고 나섰던 인물입니다. 그런데 그도 지금은 복음에 관심을 갖고 진지하게 탐구하고 있는 이입니다. 설날을 맞아 열 가정이 조상의 위패를 치우고 더 이상 제사도 지내지 않고 있습니다. 60~70명 정도가 주일이면 두 번 모이고, 수요일 밤 기도회에는 열두 명 이상이 자리가 없어 밖에 서거나 '마니'(짚자리) 위에 앉아 추위 속에 예배에 참석해야 했습니다."4

또한 맥켄지가 경험한 두 번째 일은 소래교회의 건축이었습니다. 맥켄지가 소래에서 있었던 때는 1883년에 시작된 소래교회가 1895년에 이르러 기와집으로 건축을 하던 때였습니다. 건축의 장소가 특별하였습니다. 수백 년 동안 서낭제를 지내던 바로 그 자리에 교회를 세웠습니다. 우상숭배의 자리가 이제는 예배의 자리가 되었습니다. 또한 이 건축은 누군가 외부의 자원이 아닌 교인들 스스로가 세운 교회라는 데에 큰 의미가 있습니다. 처음에는 8칸 기와집을 건축하였으나 교인들의 수가 더 늘어나 1896년에는 16칸으로 증축까지 하게 됩니다.

맥켄지의 선교는 현지화 전략이었습니다. 그는 스스로 소금과 같이 한국 사람들 사이에 녹아졌습니다. 그러므로 일반의 한국 사람들은 물론 동학교

---

4   Elizabeth A. McCully, *A Corn of Wheat or The Life of Rev. W.J. McKenzie of Korea*(Toronto, Ontario : Westminster Co., Ltd.,1903) p. 200.

도들까지도 그를 좋아했으며 서학에 반대하는 동학교들조차 교회건축에 동참하였습니다.

교회를 건축함에 있어서 이 건물의 특별함은 외부적인 도움 없이 자립적으로 지어졌다는 것입니다. 한국 개신교의 첫 통사로 알려진 백낙준은 이렇게 기록하였습니다. "그(맥켄지)는 교회 건축에 있어 자립 프로그램을 시작한 최초의 인물로 보이며, 한국인이 세운 최초의 교회가 그의 지휘 아래 이 마을에 세워졌습니다"[5] 이는 참으로 놀라운 일이었습니다. 아직 개종자들의 연약한 신앙과 열악한 환경으로 인해 스스로 힘으로 건축을 한다는 것은 무리하게 보일 때에 오히려 맥켄지는 한국인들에게 선교에 대한 자립심과 책임감을 가르친 것입니다. 이러한 가치가 첫 번째 교회가 되는 소래교회의 건축에 반영되었다는 것은 너무나 귀하고 자랑스러운 일입니다. 언제나 정원의 잘 가꾸어진 꽃나무들보다 내 책상머리에 있는 작은 화분이 더 귀한 것은 그곳에는 내 정성과 사랑이 담겨 있기 때문입니다.

그러나 이와 같은 소래교회의 첫 번째 건축이라는 영광스러운 일에 함께 하였던 맥켄지는 교회 헌당을 불과 11일 앞두고 영양실조와 과로로 쓰러졌습니다. 1895년 6월 23일의 일기는 그의 마지막 일기입니다.[6]

---

5 Paik Lak-geoon, *The History of Protestant Missions in Korea 1832-1910* (Seoul, Korea: Yonsei University Press, 1971) p. 205.
6 Elizabeth A. McCully, *A Corn of Wheat or The Life of Rev. W.J. McKenzie of Korea*, p. 221.

"지난 이틀 동안은 몇 걸음 산책한 것이 전부였다. 매일 한두 번씩 토했다. 어제는 배를 타고 서울로 가기로 결심했다. 내일 올 배를 전보로 불렀다. 잠을 잘 수가 없다. 오늘은 사람들이 집에 찾아오지 못하게 했다. 몸이 너무 약해져서 밖에도 나가지 못하겠다. 오후가 되자 몸이 차가워졌고, 너무 많은 옷을 껴입어야 할 만큼 냉기가 든다. 뜨거운 물병을 안고 땀을 흘리니 조금은 나아졌다. 제발 죽음이 아니기를 바란다. 조선을 위해서, 그리고 내가 조선 사람처럼 살았기 때문에 죽었다고 많은 이들이 말할 것을 생각하면 더욱 그렇다. 이 모든 것은 내 부주의 탓이다. 뙤약볕 아래에서 장시간 이동하고 밤에는 찬 기운 속에 밖에 오래 앉아 있었던 것이다."

이 일기는 단순한 병상 기록이 아닙니다. 맥켄지는 자신의 죽음이 조선 선교에 오해를 남기지 않기를 간절히 바라고 있으며, 조선인처럼 살고자 했던 그의 삶의 방식이 부정적으로 해석되지 않기를 기도하고 있습니다. 마지막까지 자기 책임을 고백하고, 조선을 향한 깊은 사랑과 염려를 보여주는 기록입니다.

맥켄지의 유산으로 지어진 해서제일학교(우), 소래교회(좌)

　맥켄지의 죽음은 끝이 아니라 새로운 시작이었습니다. 그의 헌신과 죽음은 수많은 사람들의 마음속에 영원히 살아남아 한국교회의 강력한 자립정신을 키우는 씨앗이 되었습니다. 이 땅에서 그가 남긴 것은 단순히 교회 건물이 아니라, 자기희생적 사랑과 믿음의 본보기였습니다.

　맥켄지는 살아서 소래교회를 함께 세웠고 그의 죽음은 또 다른 결실을 가지고 왔습니다. 바로 해서제일학교입니다. 해서제일학교는 소래교회 주일학교 학생들을 중심으로 시작된 소래교회 내 야학교였습니다. 맥켄지의 죽음 이후에 그의 가족이 유산을 기부하면서 설립되었고, 정부의 인가를 받아 황해도 장연 지역 최초의 근대 학교가 되었습니다.

맥켄지의 죽음으로 복음의 문이 닫힌 것이 아니라 더욱더 복음의 문이 열리게 됩니다. 캐나다장로교회는 소래교회의 교인인 서상륜의 동생 서경조로부터 다음과 같은 편지를 받습니다.[7]

"우리는 지금, 맥켄지 목사의 친구이자 동역자요 형제인 여러분에게 감히 이 편지를 씁니다. 부디 이 글을 읽어주시고, 기도하는 마음으로 귀 기울여 주시기를 바랍니다. 하나님의 은혜로 여러분이 평안하고 복되시기를 진심으로 바랍니다. 맥켄지 목사님은 한국에 도착하신 후, 황해도 장연군의 소래라는 마을로 내려오셨습니다. 그곳에서 그는 하나님의 일을 위해 열심히 일하시며 많은 사람들을 회심하게 하셨습니다. 소래 마을은 본래 매우 사악하고 축복이 없는 곳이었습니다. 그러나 지금은 맥켄지 목사님의 본을 따르려는 이들이 많이 생겨났습니다. 그의 몸은 이제 우리 곁에 없지만, 우리는 기도 속에서 하나님의 뜻을 알기 원합니다. 그리고 지금 우리는 하나님 앞에서 기다리며, 캐나다에 계신 우리의 형님과 같은 여러분께 간청합니다. 부디 우리에게 기독교 교사 한 사람을 보내주십시오."

– 조선 황해도 장연 소래의 기독교인들을 대표하여,

서경조(So Kyeag Jo)

1895년 12월 26일

7 Elizabeth A. McCully, *A Corn of Wheat or The Life of Rev. W.J. McKenzie of Korea*, pp. 253-254.

이 일로 캐나다장로교 안에는 한국 선교에 대한 논의를 본격화하게 됩니다. 1896년 4월 28일 헬리팩스에서 열린 해외선교위원회에서 2,259,26달러의 맥켄지 선교사 추모기금이 있는 것을 확인하고 만약 한국 선교를 담당하고 있는 해외선교위원의 서부지국이 한국선교를 추진할 계획이 있다면 이 추모기금을 양도하기로 결정하게 됩니다. 1897년 10월 5일 열린 캐나다장로회의 매리타임대회에서 한국에서의 새로운 선교의 장을 여는 것을 결의했고, 이듬해인 1898년 2월 15일 윌리암 푸트 부부, 로버트 그리얼슨 부부, 던컨 맥래 등 5명이 공식적인 한국선교사들로 임명됩니다. 이들은 1898년 7월 20일 핼리팩스를 떠나 9월 7일 제물포에 도착하였고, 이것이 공식적인 캐나다장로회의 한국선교의 시작이 됩니다.

천 개의 생명: 사랑에 빚진 자

"내게 천 개의 생명이 있다면 그 모두를 한국을 위해 바치겠습니다"
If I had a thousand lives to give, Korea should have them all'

인디언 선교의 아버지라고 하는 데이빗 브레이너드는 1747년 세상을 떠나기 얼마 전에 자신의 일기에 다음과 같이 남겼습니다.[8]

"만약 제게 천 개의 영혼이 있다면 또 그것들이 어떤 가치가 있다면 저는 그것들 모두를 하나님께 드릴 것입니다"

이와 같은 고백은 모든 주를 사랑하는 자들의 고백이 되었습니다. 찰스 스펄전도 만약 내게 천 개의 생명이 있다면 그것들 모두를 주님을 위해 바치겠다고 했고, 중국 선교사였던 허드슨 테일러는 '만약 제게 천 개의 생명이 있다면 그것들을 중국을 위해 바치겠습니다'라고 하였습니다.

이제 우리에게는 또 다른 한 사람을 기억해야 합니다. 바로 루비 켄드릭입니다. 그녀는 비록 9개월이라는 짧은 기간 동안 한국에서 선교를 하다가 죽었지만 그가 남긴 말은 오래오래 기억되고 있습니다.

---

8   박용규, "가장 평범한 그러나 가장 비범한: 루비 켄드릭의 생애와 사역"『신학지남』제87권 1집(통권 제342호), 185-187쪽.

"내게 천 개의 생명이 있다면 그 모두를 한국을 위해 바치겠습니다"

너무나도 고맙고 감사합니다. 우리는 이들의 사랑에 빚진 자들임을 잊어서는 안 될 것입니다.

루비 켄드릭

루비 켄드릭

켄드릭은 1907년 8월 29일, 24세의 나이에 남감리교선교사로 한국에 입국하여 1908년 6월 19일, 채 9개월도 되지 않아 25세의 꽃 같은 짧은 생을 마감하였습니다. 켄드릭의 장례의 집례를 맡았던 송도 남감리교회의 왓슨은 다음과 같이 설교하였습니다.

"인간의 눈으로 볼 때 그것은 암울한 미스테리입니다. 그러나 인간의 눈으로는 우리가 보지 못하는, 인간의 눈 그 이상이 있기 때문에 우리는 하나님께 감사드립니다."[9]

---

9 Erwin, "In Memory. Miss Ruby Rachel Kendrick," p. 118.; Ivey ed., *The Southern Methodist Handbook*, p. 67.

인간의 손실이 하나님의 손실이 될 수 없고, 인간의 절망이 하나님의 좌절이 될 수 없습니다. 우리 주님의 생애는 어떠한가! 우리가 잘 아는 빌립보서 2장 6-11절은 두 부분으로 나눕니다. 한 부분은 사람의 일이고, 다른 한 부분은 하나님의 일입니다.

"그는 근본 하나님의 본체시나 하나님과 동등됨을 취할 것으로 여기지 아니하시고 오히려 자기를 비워 종의 형체를 가지사 사람들과 같이 되셨고 사람의 모양으로 나타나사 자기를 낮추시고 죽기까지 복종하셨으니 곧 십자가에 죽으심이라"(6-8절)

이는 사람의 일입니다. 이 일의 끝은 '십자가에 죽으심'으로 마무리됩니다. 그러나 이제 하나님의 일이 시작됩니다.

"이러므로 하나님이 그를 지극히 높여 모든 이름 위에 뛰어난 이름을 주사 하늘에 있는 자들과 땅에 있는 자들과 땅 아래에 있는 자들로 모든 무릎을 예수의 이름에 꿇게 하시고 모든 입으로 예수 그리스도를 주라 시인하여 하나님 아버지께 영광을 돌리게 하셨느니라"(9-11절)

예수님 또한 십자가에 죽는 것은 자신의 일이며, 주와 그리스도가 되게 하신 일은 하나님의 일이었습니다.

켄드릭은 1883년 1월 28일 텍사스 콜린스 카운티 플래노에서 아버지 존 타일러 켄드릭과 어머니 케이트 엠마 바넷 켄드릭의 1남 3녀 중에 셋째로 태어났습니다. 케드릭은 3살 때에 어머니를 잃은 불운한 인생을 시작하였지만 고모 라헬 클레퍼에 의해 잘 양육을 받았고, 신앙 안에서 오히려 어렸을 때부터 세계 선교의 마음을 품고 1902년 19살에 선교사로 평생을 헌신하였습니다. 20세에 남감리교 여자선교사 훈련학교인 스카릿성경훈련학교에서 진학하고 졸업 후에는 노스텍사스대학교에서 1년 구약과 신약의 성경과목을 가르쳤고, 사우스웨스턴대학에서는 선교사를 준비하며 1년간 학업 하였으며 1907년 졸업 후에 그녀가 8살 때부터 출석하였던 플래노감리교회의 파송을 받아 한국에서 5년 임기로 선교사역을 감당할 남감리교 선교사로 한국에 입국하였습니다.

켄드릭이 입국할 당시 한국은 가장 암울한 시간들을 보내고 있었습니다.

1907년 9월 10일 시애틀을 출발하여 배에 올라 1907년 9월 말에 한국에 도착하였습니다. 도착 후에는 남감리교 서울선교회의 소속으로 발령을 받아 1개월 동안 서울에서 보낸 후 11월부터 송도(지금의 개성)로 옮겼습니다. 그가 출석한 교회는 남감리교 선교사 왓슨이 담임하는 송도남감리교회였으며, 교회 주일학교의 초등부를 책임 맡아 섬겼습니다. 그러나 그에게 허락된 사역의 시간은 너무나 짧았습니다. 송도에 도착한 지 8개월이 조금

지나 1908년 6월 9일에 급성 맹장염에 걸렸고 회복한 사이도 없이 6월 29일에 세상을 떠났습니다.

그녀는 수술대에 올라가는 순간까지도 담대하고 용맹스러웠습니다. 죽음을 두려워하기보다는 죽음을 이기는 승리자였습니다. 그녀는 고향집을 향한 글과 텍사스의 엡윗청년회원들에게 글을 남겼습니다.

"저는 한국에 살면서 사역을 감당하기 위해 여기 왔습니다. 만약 제가 한국을 위해 죽는 것이 하나님의 뜻이라면 저는 기꺼이 하나님의 나라에 갈 준비가 되었습니다."

"만약 제가 죽거든 텍사스 엡윗청년회원들에게 열 명씩, 이십 명씩, 그리고 오십 명씩 한국에 오라고 말씀해 주세요"

이것은 그녀의 마지막 유언이 되었습니다.

루비 켄드릭은 그녀의 바램대로 양화진에 안장되었습니다. 그녀는 이 민족을 누구보다도 더 사랑했고, 사랑하고자 한, 사랑의 사람입니다.

루비 켄드릭(Ruby Kendrick)의 갑작스러운 죽음은 그녀와 연결된 수많은 이들에게 커다란 충격과 도전을 주었습니다. 그 소식은 그녀가 속했던 남감리교 대회 엡웟 청년회와 그녀를 파송한 교회, 그녀의 모교인 스카릿 성경훈련학교, 그리고 그녀가 가르쳤던 노스텍사스 대학교에도 전해졌습니다. 특히 그녀가 마지막 순간에 남긴,

"나의 죽음으로 선교사역이 중단되지 않기를 바랍니다."

라는 간절한 호소는 텍사스의 젊은이들의 마음을 강하게 흔들었습니다. 루비 켄드릭이 세상을 떠난 지 반년이 지난 1909년 1월, 그녀의 고향인 텍사스주 플래노에서 열린 부흥회에서는 무려 200명 이상의 사람들이 회심했고, 그중 37명의 젊은 남녀가 주님의 사역자로 헌신하는 놀라운 역사가 일어났습니다.

그녀의 순교는 계속해서 더 큰 선교의 물결로 번졌습니다. 켄드릭이 세상을 떠난 다음 해인 1909년, 이미 6명의 여성 선교사가 그녀의 뒤를 따라 한국 선교를 자원했고, 1911년 7월까지는 20명 이상이 해외 선교에 헌신했습니다. 그중 많은 이들이 한국으로 들어와 그녀의 못다 한 사역을 이어나갔습니다.

한국에 세워진 루비 켄드릭 기념교회(Ruby Kendrick Memorial Church)의 기초공사 장면. 콜리어 목사(C. T. Collyer)와 오화영 목사(O. Hwa Yong)가 함께하고 있음. 배경에는 윤치호 씨(T. H. Yun)가 지은 학교 건물이 보임.

그녀가 떠난 후, 고향 플래노에는 루비 켄드릭 기념관이 세워졌고, 한국 송도에는 루비 켄드릭 기념학교와 기념교회가 건립되어 그녀의 희생과 헌신을 영구히 기억하고 있습니다.

데이비스(J. H. Davies)의 죽음이 호주 장로교회의 한국 선교의 문을 열었고, 맥켄지(W. J. McKenzie)의 죽음이 캐나다 장로교회의 한국 선교의 문을 연 것처럼, 젊은 여인 루비 켄드릭의 순교는 텍사스를 넘어 수많은 젊은이들의 가슴속에 꺼지지 않는 선교의 불을 지폈습니다. 이처럼 루비 켄드릭의 짧은 삶과 죽음은 결코 헛되지 않았으며, 그녀의 희생은 지금도 수많은 사람들에게 강력한 영감과 도전이 되고 있습니다.

03

상실의 제물

그럼에도 불구하고

상실의 제물

#로제타 홀

믿음의 가문

#유진 벨

상실의 제물
그럼에도 불구하고

상실의 제물

짧은 인생이지만, 우리는 누구나 아픔과 고통을 겪습니다. 그것이 삶의 깊이를 더하고, 신앙을 성숙하게 합니다. 요셉은 인생의 가장 예민하고도 아름다운 시기인 17세에 형제의 미움과 배신, 종살이, 억울한 감옥살이라는 큰 고난을 겪었습니다. 그렇게 10대와 20대를 잃었지만, 그는 여전히 하나님과 동행했고, 그의 신앙은 더욱 단단해졌습니다. 그는 하나님의 섭리를 바라보았고 이렇게 고백합니다.

"당신들은 나를 해하려 하였으나 하나님은 그것을 선으로 바꾸사 오늘과 같이 많은 백성의 생명을 구원하게 하시려 하셨나니"(창 50:20)

어떤 이의 성공은 부러움을 주지만, 고통 속에서 무너지지 않고 일어서는 믿음의 사람은 우리의 마음을 더욱 깊이 울립니다. 로제타 홀 또한 그런 사람이었습니다.

하나님께서는 과부의 두 렙돈을 귀하게 받으셨습니다. 사람의 눈에 두 렙돈은 보잘것없이 작은 것에 불가하지만 하나님의 눈에는 그가 가진 전부였

로제타 홀

습니다. 하나님의 눈에는 과부의 두 렙돈이나 300 데나리온의 향유 옥합이나 같은 것입니다.

이처럼 하나님께서 귀하게 보시는 것이 있습니다. 그것은 우리의 아픔이며, 고통이며, 슬픔입니다. 하나님은 우리의 넘치는 기쁨과 성공만 받으시는 분이 아닙니다. 견디기 힘든 상실과 눈물조차, 하나님께 드려질 때에 더욱 귀한 예배가 됩니다.

로제타 홀(Rosetta Sherwood Hall, 1865-1951)은 조선에서 평생을 바쳐 여성, 어린이, 장애인들을 위한 의료·교육·복음 사역에 헌신한 선교사였습니다. 우리들의 이상은 높은 곳에 있지만 섬김은 낮은 곳을 향하여야 합니다. 이상이 낮은 자들은 높은 자들을 섬깁니다. 로제타 홀의 참된 믿음은 그의 섬김을 통해서 나타납니다. 여성과 어린이, 그리고 장애인들—그 시대에 소외된 이들을 위해 그녀는 평생을 아낌없이 헌신했습니다.

특별히 우리가 앞으로 보게 될 바, 로제타 홀은 남편을 잃는 깊은 상실 속에서도 낙심하거나 절망하지 않았습니다. 오히려 그 고통을 하나님께 드리

기홀병원과 광혜여원: 1897년 평양에 세워진 기홀병원은 윌리엄 제임스 홀 선교사의 이름을 딴 서양식 선교 병원으로, 조선 초기 근대의학의 중심지였습니다(붉은 벽돌의 서양식 건물). 광혜여원은 1898년 로제타 셔우드 홀이 평양 여성과 아동을 위해 세운 평양 최초의 여성 전문 병원으로, 초기에는 한옥 건물에서 진료가 이루어졌습니다.

며, 평양에 '홀 기념 병원(Hall Memorial Hospital, 혹은 기홀병원)'을 세우게 됩니다. 또한 사랑하는 딸 에디스(Edith)를 잃었을 때에도, 슬픔에 머물지 않고 '에디스 마가렛 어린이 병동'을 설립하는 섬김으로 응답했습니다. 로제타 홀은 사랑으로 우리의 곁에 왔고, 자신의 가장 소중한 것을 잃었으나, 그 사랑을 거두지 않았습니다. 오히려 더 깊고 넓은 섬김으로, 그 사랑이 참되고 진실하다는 것을 삶으로 증명해 보였습니다. 우리는 기억해야 합니다. 이 땅에 온 수많은 이름 모르는 선교사들이 있습니다. 그들 또한 아팠습니다. 그럼에도 불구하고 그 섬김의 사역을 멈추지 않았습니다.

로제타 홀(Rosetta Sherwood Hall)

　로제타 홀은 1865년 9월 19일 미국 뉴욕 리버티의 농장주의 딸로 태어났습니다. 1882년 오스위고 주립 사범학교에 진학하며 교사로서의 꿈을 키우던 로제타 홀은 인도 의료선교사였던 토번 여사로부터 인도에 의료선교사가 필요하다는 이야기에 감동을 받아 의료선교사가 되기를 결심하고 1886년에 펜실베이니아 여자의과대학에 입학하게 됩니다. 로제타 홀은 미국 북감리교 여성해외선교회(WFMS)[1]의 파송으로 1890년부터 1933년까지 43년 동안 서울과 평양을 중심으로 활동하였습니다.

제임스 홀

　한국으로 파송받기 전 뉴욕의 빈민가 봉사 중에 만난 윌리엄 제임스 홀로부터 청혼을 받았으나 결혼을 미루고 먼저 1890년 10월 13일에 인천 제물포항에 도착하여 메타 하워드가 설립한 한국 최초의 여성 전용 병원인 보구여관에서 입국 다음날부터 사역하였습니다. 첫날 4명의 환자를 치료하였으나 3년간 1만 4천여 명의 환자를 치료하였습니다. 유명한 일화로 손가락

1　Woman's Foreign Missionary Society of the Methodist Episcopal Church.

화상 환자를 치료할 때에 의료에 이해가 없는 환자는 자신의 피부를 떼는 피부 이식을 거부하자 로제타 홀은 자신의 팔에서 피부를 떼어 환자의 피부 이식을 시도하였습니다. 이처럼 로제타 홀이 자신의 피부까지 떼어 수술했다는 소문이 퍼지자 많은 여성환자들이 보구여관을 찾아왔습니다. 로제타 홀은 이듬해인 1891년 12월 17일에 미국 북감리교 해외선교부의 파송으로 한국에 도착한 윌리엄 제임스 홀과 1892년 6월에 결혼합니다. 이는 조선 최초의 서구식 결혼식으로 또 한 번의 많은 화제가 되었습니다.

1893년 11월 10일, 로제타 홀은 첫아들 셔우드 홀(Sherwood Hall)을 품에 안았습니다. 특별한 것은, 그의 이름에 어머니의 성과 아버지의 성이 함께 담겨 있다는 점입니다. 이 이름은 부모가 물려준 아름다운 신앙의 유산을 상징하는 전승이었습니다. 그러나 그 기쁨도 오래가지 못했습니다. 이듬해인 1894년 11월 24일, 남편 윌리엄 제임스 홀은 청일전쟁의 사상자들을 치료하던 중 전염병에 감염되어, 평양에서 갑작스럽게 세상을 떠났습니다. 너무도 충격적이고 참담한 일이 아닐 수 없었습니다. 결혼한 지 불과 2년, 첫째 아들은 아직 갓난아이였고, 로제타 홀은 둘째 아이를 복중에 품고 있는 만삭의 몸이었습니다. 그녀는 남편의 장례를 마치고, 1894년 12월 7일, 만삭의 몸을 이끌고 조선을 떠나 안식년 겸 미국으로 귀국합니다. 이때 로제타 홀은 조수였던 김점동(세례명 박에스더) 부부와 동행하였는데 박에스더는 미국에서 의학공부를 마치고 한국인 최초의 여의사가 되었습니다.

셔우드 홀과 그의 외할아버지 로즈벨트 셔우드

이듬해 1월, 유복자로 딸 에디스 마가렛 홀(Edith Margaret Hall)을 출산합니다. 새로운 생명의 탄생은 큰 위로가 되었지만, 그 위로조차 오래가지 않았습니다. 1895년 6월 27일, 로제타 홀이 고향에 머무르고 있던 중, 사랑하는 아버지 로즈벨트 셔우드가 91세의 나이로 눈을 감은 것입니다.

로제타 홀은 이러한 슬픔 가운데에서도 그녀가 해야 할 일들을 결코 멈추지 않았습니다. 미국에 머무는 동안, 그녀는 남편의 전기인 『The Life of Rev. William James Hall, M.D.』(『의사 윌리엄 제임스 홀의 생애: 뉴욕 빈민가 의료선교사, 한국 평양의 개척선교사』)를 집필하여 출간하였고, 이를 통해 얻은 수익과 기부금을 바탕으로 평양에 남편의 이름을 딴 병원을 설립

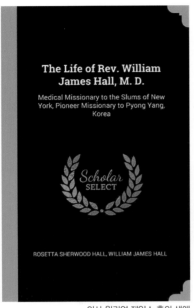

The Life of Rev. William James Hall, M. D.

Medical Missionary to the Slums of New York, Pioneer Missionary to Pyong Yang, Korea

Scholar SELECT

ROSETTA SHERWOOD HALL, WILLIAM JAMES HALL

의사 윌리엄 제임스 홀의 생애

할 계획을 세웠습니다.

한국을 떠난 지 약 3년 만인 1897년 11월, 로제타 홀은 두 자녀인 셔우드와 에디스를 데리고 다시 조선 땅을 밟았습니다. 이듬해인 1898년 1월, 그녀는 평양에 '홀 기념 병원(Hall Memorial Hospital)'을 개원하며, 의료 선교 사역을 다시 시작하게 됩니다. 그러나 기쁨도 잠시, 또다시 깊은 슬픔이 그녀를 찾아왔습니다. 아직 어렸던 딸 에디스는 각종 풍토병에 그대로 노출되어, 1899년 5월 23일, 이질과 말라리아, 복막염이 겹쳐 세 살의 나이에 아버지의 뒤를 따라 하나님 품에 안기게 됩니다. 로제타 홀에게는 감당하기 어려운 또 하나의 상실이었습니다.

사랑하는 딸을 다시 보내며, 양화진의 남편 윌리엄 홀의 무덤 곁에 안장시켰습니다. 남편의 죽음으로 홀 기념 병원을 세운 바와 같이, 이번에는 에디스 마가렛 어린이 병동을 설립하기에 이릅니다.

로제타 홀의 두 자녀

　로제타 홀의 사역은 약자를 위한, 낮은 자를 위한, 소외받은 자를 위한 사역이었습니다. 로제타 홀은 무엇보다도 한국 여성들은 자신들의 이름조차 가지지 못하였다는 충격적인 이야기를 들었습니다. 19세기말까지 여전히 한국 사회에 여성은 인격적이며 주제적인 존재가 아닌 종속적인 존재로 '아무개의 딸', '아무개의 어미' 등으로 불릴 뿐이었습니다. 로제타 홀은 처음 사역을 여성 전문 병원인 보구여관에서 시작하였고, 미국으로 귀국 후에 다시 조선에 돌아온 후에 1898년 6월 18일 해외여선교부 건물 한 편에 '광혜여원(廣惠女院, Women's Hospital of Extended Grace)'을 설립하여 여성과 아이들을 위한 진료활동을 개시하였습니다.

광혜여원 개원 후에 병사한 어린 딸을 기리며 '에디스 마가렛 어린이 병동(Edith Margaret Children Wards)'을 1899년 신축하였으며 무엇보다도 특수사역으로 이 병원에서는 최초의 맹인학교가 시작됩니다. 이는 우리나라의 최초의 특수학교가 됩니다. 로제타 홀은 어머니 피비가 봉사하던 시각 장애인 교육기관에서 점자를 통한 시각 장애인들의 교육현장을 보며 자랐는데 이제 그 자신이 한국에 최초 맹인학교를 설립하기에 이른 것입니다. 윌리엄 홀의 죽음으로 로제타 홀은 미국에 머무는 동안 뉴욕 시각장애인 교육학원의 원장이었던 윌리엄 웨이트가 개발한 '뉴욕 포인트' 점자를 연구하여 한글점자를 개발하였습니다. 뉴욕 포인트와 로제타 홀의 개발한 한글점자는 4점식 점자였는데 이러한 이러한 로제타 홀의 선구적인 점자 연구와 시도로 이후에, 1926년 송암 박두성 선생의 6점식 훈맹정음이 탄생하였습니다. 점자의 발명자이자, 현대 점자 체계의 아버지인 루이 브라유 6점식 점자는 이제 훈맹정음으로 이어집니다. 참으로 우연과 같은 일들이 펼쳐지지만 돌이켜 보면 하나님의 섭리인 일들이 있습니다. 로제타 홀의 남편 윌리엄 홀의 전도로 얻게 된 첫 번째 신자는 오석형이었는데 그의 자녀인 오봉래는 시각장애인이었습니다. 이러한 오봉래와의 만남과 섬김이 결국 맹인학교와 한글 점자의 탄생으로 이어진 것입니다.

1895년 6월, 박에스더와 박유산이 로제타 홀의 가족과 함께 찍은 사진. 박에스더는 우리나라 최초의 여의사입니다.

　1900년에 이르러 로제타 홀의 사역에 박에스더가 합류함으로 더 큰 힘을 얻게 됩니다. 박에스더는 광혜여원, 어린이 병원 그리고 한국 최초의 맹아학교 등을 돌보는 일은 물론이고 간호사 양성과 전도부인 교육을 체계화하는 일까지 담당하였습니다. 의료와 교육과 선교까지 더욱 확장되었습니다. 그러나 다시 한번 시련이 옵니다. 박에스더는 과중한 업무 가운데 결핵을 앓게 되고 1910년 35세의 나이에 세상을 떠나게 됩니다. 이 일로 가장 충격에 받은 사람은 어릴 적부터 이모라고 부르며 그녀를 따랐던 로제타 홀의 아들 셔우드였습니다.

"내게 있어서 에스더의 죽음은 큰 충격이었다. 이 세상에서 하나님의 사업에 봉사할 수 있는 가장 황금기의 인생을 보내고 있던 에스더를 이 세상에서 앗아갔고 그녀가 사랑한 수많은 동족들의 생명을 앗아간 병, 나는 이 병을 퇴치하는데 앞장서기로 결심했다. 나는 반드시 폐결핵 전문 의사가 되어 한국에 돌아올 것과 결핵요양원을 세우기로 굳게 맹세했다."[2]

그의 다짐과 같이 셔우드 홀은 아내 매리언과 함께 의료 선교사로 한국으로 돌아옵니다. 1928년 결핵치료 전문병원인 해주 구세요양원을 설립하고, 1932년 12월 3일, 한국 최초로 결핵환자를 돕기 위한 '크리스마스 실'을 발행합니다.

로제타 홀의 후반기 사역은 초기 평양 시절과는 또 다른 의미 있는 열매를 맺은 시기입니다. 남편 윌리엄 제임스 홀과 딸 에디스의 사망 이후에도 평양에서 사역을 이어가던 그녀는, 1917년, 서울로 사역지를 옮깁니다. 당시 서울은 조선의 중심지로, 더 많은 여성들이 의료 교육을 받기 위해 모여드는 상황이었고, 로제타 홀은 이곳에서 여성 의료 인재 양성에 본격적으로 나섭니다. 서울 이주 후 보구여관을 계승한 '동대문 여자의원(現 이화여자대학교 의료원)'에서 의사 겸 교육자로 근무하였고, 1928년, 로제타 홀은 고려대학교 의과대학의 전신이며 한국 최초의 여성 의학교육기관인 '조

2 셔우드 홀, 『닥터 홀의 조선회상』(서울: 좋은 씨앗, 2003), 241-242쪽.

선여자의학강습소'를 설립합니다. 로제타 홀의 사역은 이제 단순한 진료를 넘어, 여성 의료인 양성이라는 열매로 맺어졌습니다.[3]

로제타 홀 기념관(인천 중구 답동로 18)

3   로제타 홀에 관하여, 이현주, "『로제타 홀 일기』에 나타난 로제타 홀의 교육사상 연구", (장로회신학대학교 대학원 석사학위논문, 2020)을 많이 참고하였습니다.

《로제타 홀 일기 5》는 셔우드 홀이 태어난 1893년 11월 10일에 시작되어 셔우드가 일곱 번째 생일을 맞은 1900년 11월 10일까지 이어집니다. 이 육아일기에는 선교일기인《로제타 홀 일기 1-4》에는 나오지 않는 내용들, 예를 들어 윌리엄 제임스 홀의 죽음과 장례 일정, 로제타 홀이 미국으로 돌아갔다가 다시 한국으로 오게 되는 과정에서 미국 내 여러 선교부와 얽힌 관계, 제임스 홀의 전기를 쓰게 되는 과정, 로제타 홀이 서울과 평양에서 다시 선교사로 사역하는 모습 등이 소개됩니다.《로제타 홀 일기 6》은 한국 의료선교의 선구자 로제타 셔우드 홀(Rosetta Sherwood Hall, 1865-1951)이 남긴 육필일기 시리즈의 마지막 권으로, 그녀의 딸 에디스 마가렛 홀(Edith Margaret Hall)의 출생부터 사망까지의 과정을 담은 육아일기입니다.

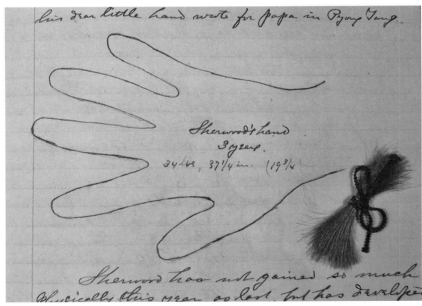

로제타 홀 일기 5권 113쪽. 3살 때 머리 타래, 3살 때 셔우드의 손,
[체중] 34 파운드, [키] 37 1/4인치, [머리 둘레] 19 3/4 인치

믿음의 가문

이스라엘을 성지 순례하다 보면, 유대인들의 무덤 위에 돌이 얹혀 있는 독특한 모습을 자주 보게 됩니다. 왜 그들은 무덤 위에 돌을 올려둘까요? 히브리어로 돌은 '에벤(אבן)'입니다. 많은 신앙인에게 이 단어는 에벤에셀, 곧 '도움의 돌'로 익숙합니다. 사무엘이 고백한 것처럼, "여기까지 여호와께서 우리를 도우셨다"는 믿음의 표시입니다. 그런데 이 '에벤'이라는 단어는 단순한 '돌'을 넘어 더 깊은 의미를 지닙니다. 아버지를 뜻하는 '아브'와 아들을 뜻하는 '벤'이 결합된 단어이기 때문입니다. 곧, '에벤'은 '아버지와 아들'이 들어 있는 단어입니다. 그러므로 유대인들이 무덤 위에 돌을 올려놓는 행위는 단순한 추모가 아니라, "아버지의 신앙을 내가 이어받겠습니다"라는 신앙의 고백이라 할 수 있습니다. 신앙의 전승은 이처럼 깊은 의미를 지닌 귀한 가치입니다. 밖으로는 복음을 전해야 하지만, 동시에 안으로는 믿음을 계승해야 한다는 것이 성경의 가르침입니다.

"오늘 내가 네게 명하는 이 말씀을 너는 마음에 새기고 네 자녀에게 부지런히 가르치며 집에 앉았을 때에든지 길을 갈 때에든지 누워 있을 때에든지 일어날 때에든지 이 말씀을 강론할 것이며 너는 또 그것을 네 손목에 매어 기호를 삼으며 네 미간에 붙여 표로 삼고 또 네 집 문설주의 바깥 문에 기록할지니라"(신 6:6-9)

성경에는 신앙을 계승한 가문과는 반대로, 대대로 복음을 대적한 가문도 등장합니다. 바로 '헤롯 가문'입니다. 이 가문은 성경 안에서 한결같이 하나님의 뜻을 거스르고 복음에 적대적인 모습으로 나타나며, 결과적으로 심판의 상징이 된 가문입니다.

성경에는 네 명의 헤롯이 등장합니다. 첫 번째 헤롯은 헤롯 대왕으로 불리는 안티파테르의 아들 헤롯입니다. 그로부터 헤롯의 가문은 시작합니다. 그는 예수님의 탄생과 관련된 헤롯으로 동방박사들로부터 메시아 탄생에 대한 이야기를 듣고 두려움에 사로잡혀 베들레헴의 두 살 이하 사내아이들을 무참히 학살했습니다(마 2:16-18). 두 번째 헤롯은 '헤롯 안티파스'입니다. 그는 헤롯의 세 아들인 아켈라오, 헤롯 안티파스, 빌립 아리스토블로스 중의 한 명으로 세례 요한을 죽인 사람입니다. 헤롯 안티파스는 자기의 동생 빌립의 아내 헤로디아에게 장가들었는데 동생의 아내를 취하는 것이 옳지 않다 하는 세례 요한을 옥에 가두었다가 결국 헤로디아 딸의 청으로 세례 요한의 목을 베었습니다(막 6:14-29). 세 번째 헤롯은 헤롯 아그립바 1세로 빌립 아리스토블로스의 아들로 사도 야고보를 죽인 사람입니다. 이로써 사도들 중에 첫 번째 순교자가 나오게 됩니다. 헤롯 아그립바 1세는 축제일에 두로와 시돈 사람들과 화친할 때에 영광을 하나님께 돌리지 않아 결국에는 주의 사자가 쳐서 그 몸에 벌레가 생겨 죽게 됩니다(행 12:20-23). 마지막 네 번째 헤롯은 헤롯 아그립바 2세로 바울이 제3차 세계선교 여행을 마치고 예루살렘에서 체포되어 가이사랴에 보내어져서 심문을 받을 때에 등장합니다(행 25:13-26:32). 헤롯의 가문은 결국 대를 이어가며 복음을 대적하는 자들 편에 서 있었습니다. 헤롯의 가문은 대대로 복음을 대적한 참으로 저주스러운 가문이 되었습니다.

유진 벨(Eugene Bell, 배유지)

그러나 또 다른 길을 걸은 가문이 있습니다. 우리가 이제 주목하고자 하는 한 가문은, 그와는 정반대의 길을 걸었습니다. 자신뿐 아니라 그 자손들까지도 대를 이어 복음을 위해 헌신한 '믿음의 가문'입니다. 그들은 한 세대의 결단으로 끝나지 않았습니다. 한국 땅을 향한 하나님의 마음을 품고, 다음 세대가 그 유업을 이어가도록 길을 열었던 사람들입니다. 그 믿음의 발걸음이 바로 유진 벨과 그 후손들의 이야기입니다.

유진 벨의 사역은 그의 딸인 샤롯 벨의 남편인 윌리엄 린튼(인돈)을 통해서 이어지며, 린튼의 아들인 휴 린튼(인휴) 손자들인 스티브 린튼(인세반)과 존 린튼(인요한)까지 4대에 걸쳐 계승됩니다. 이들의 사역은 호남을 넘어 한국 전 지역과 북한까지 확장됩니다.

유진 벨(Eugene Bell, 배유지)

　일반적으로 호남 선교는 미국 남장로교회가 파송한 이른바 '7인의 선발대'로부터 시작된 것으로 알려져 있습니다. 이 선발대는 세 명의 신학생, 곧 전킨(R. M. Junkin), 레이놀즈(C. H. Reynolds), 테이트(W. D. Tate)를 중심으로 구성되었고, 전킨의 부인 레이번(Margaret Junkin), 레이놀즈의 부인 볼링 팻시(Patsey Reynolds), 테이트의 여동생 메티 테이트(Mattie Tate), 그리고 여선교사 데이비스(Susan Davis)까지 포함하여 총 일곱 명이었습니다. 이 중 전킨과 레이놀즈는 각각 군산과 전주를 중심으로 사역하였고, 그들의 활동은 호남 중에서도 전북 지역에 집중되어 있었습니다. 이러한 전북 중심의 선교는 본서의 군산 편에서 자세히 다루게 될 것입니다.

오웬 선교사(H. G. Owen)

그러나 전남 지역, 곧 나주, 목포, 광주, 순천 등지에서 선교부를 개설하고, 교회 개척과 교육 선교의 핵심 역할을 감당한 인물은 바로 유진 벨(Eugene Bell)입니다. 그는 7인의 선발대보다 약간 늦은 1895년 4월 9일, 오웬 선교사(H. G. Owen)와 함께 제2진 선교사로 입국하였습니다. 이로써 미국 남장로교회의 선교는 전북에서 전남으로 점차 확장되며, 보다 광범위한 복음의 진출이 이루어지게 됩니다.

유진 벨은 1868년 4월 11일, 미국 켄터키주 스코트스테이션(Scotts Station, Kentucky)에서 태어났습니다. 그는 어릴 적부터 신앙심 깊은 환경 속에서 자라며 복음에 대한 열정을 키웠고, 켄터키의 센터 칼리지(Centre College)를 졸업한 후, 신학 수학을 위해 유니온 신학교(Union Theological Seminary)와 루이빌 신학교(Louisville Presbyterian Theological Seminary)에서 신학 교육을 받았습니다. 루이빌 신학교 재학 중, 그는 한국 선교사로 지명을 받고 목사로 임직 되었으며, 졸업 후에는 켄터키주의 트로이(Troy), 헤브론(Hebron), 윌모어(Wilmore) 지역에서 교회를 섬기며 목회 경험을 쌓았습니다. 이러한 경험은 그에게 선교에 대한 열정을 불러일으켰고, 복음을 전하기 위한 사명감을 더욱 확고히 했습니다.

당시 조선은 정치적 혼란과 사회적 불안정 속에서 복음의 필요성이 절실한 상황이었습니다. 유진 벨은 이러한 조선의 현실을 깊이 인식하고, 복음을 통해 조선인들에게 희망을 전하고자 하는 열망을 품게 되었습니다. 유진 벨이 1898년 1월, 미국에 있는 아버지에 보낸 편지에 나온 문구인,

"조선, 이 백성에겐 복음 외엔 희망이 없습니다"
("There is no hope for this people apart from the Gospel.")

라는 신념을 가지고 조선 선교에 헌신하기로 결심했습니다. 때마침 미국 남장로교회는 조선 선교를 위해 전략적으로 선교사를 파송하고 있었습니다. 유진 벨의 입국은 전북 중심이었던 초기 선교의 지경을 전남 지역으로 확장시키는 중요한 전환점이 되었습니다.

유진 벨 선교사는 1895년 6월 조선에 입국하자마자 전라도 남부 지역 개척 선교사로 임명되었습니다. 그는 1897년 봄, 전주의 해리슨(하위렴) 선교사와 함께 약 한 달간 전남 지역을 순회한 뒤, 나주 성안에 임시 숙소로 초가 한 채를 사서 수리하였고, 성밖에 넓은 대지를 선교기지로 사용하려고 매입하여 행정 중심지였던 나주를 선교 거점 후보지로 정하게 됩니다.[4] 그러나 나주 선교부 설치는 지역 유생들과 주민들의 강한 반대에 부딪히며 좌

---

4 김수진, 『호남선교 100년과 그 사역자들』(서울: 고려글방, 1992), 180쪽.

해리슨(하위렴)과 유진벨 1897년 5월 남도 답사

절되고 맙니다. 심지어 나주를 나가지 않으면 집을 불사르고 또 선교사들을 죽이겠다고 위협까지 하게 됩니다. 외국인 선교사에 대한 불신과, 외래 종교에 대한 조선 사회의 거부감이 여실히 드러났고, 결국 거주지를 확보하지 못한 유진 벨은 나주 선교부 설치를 포기해야 했습니다. 이 일은 단지 한 지역에서의 실패가 아니라, 조선 사회 전반에 깔려 있던 경계심과 저항의 실체를 보여주는 상징적인 사건이었습니다. 그러나 이 실패는 끝이 아니었습니다. 사람의 길이 막힌 그 자리에서, 하나님의 길은 열리기 시작했습니다. 유진 벨은 이 실패를 딛고 다시 일어나, 목포로 방향을 틀어 복음의 새 터전을 일구게 됩니다. 실패는 때로 하나님의 인도하심을 더 선명하게 바라보게 하는 통로가 됩니다. 나주에서의 좌절은 결국, 전남 선교의 문을 여는 하나님의 큰 그림 안에 있던 일이었습니다. 나주에는 이후 8년이 지나, 1905년 오웬 선교사와 임성옥, 노학구, 조상만 등의 복음 전도로 북문교회(현 나주교회)가 설립되며 다시 선교의 불씨가 피어오릅니다.

사도 바울이 아시아에 복음을 전하고자 하였으나, 성령께서 길을 막으시고 마침내 드로아에서 마게도냐 환상을 보게 되어 유럽 선교의 문이 열린 것처럼, 유진 벨 선교사의 나주 선교 실패 또한 목포 선교로 이어지는 하나님의 인도하심의 전환점이 되었습니다. 목포는 이후 전남 선교의 전초기지가 됩니다. 물론 목포에서의 선교 역시 순탄치만은 않았습니다. 향교를 중심으로 한 유림들과 양반들의 강한 텃세와 반대가 여전했습니다. 그러나 유진 벨은 나주에서의 실패를 통해 복음 전파의 체력과 인내를 단련받은 상태였습니다. 때마침 1897년 10월 1일, 목포가 공식적으로 개항되면서 외국인의 왕래가 가능해지고, 선교 활동에 대한 제약도 한결 완화되었습니다. 이에 따라 같은 해 10월 28일, 목포가 차기 선교부 후보지로 결정됩니다.

목포의 개항에 대비해 목포시 만복동(현 양동)에 2,500평의 대지를 구입해 둔 터라 군산에서 유진 벨을 돕던 변창연을 목포로 보내 1897년 3월 5일 천막교회를 세우게 됩니다. 이 천막교회가 바로 목포교회(현 양동교회)의 시작입니다. 새로운 선교지인 목포에서의 사역은 의료 선교사 오웬(H.

G. Owen)의 합류로 활기를 띠기 시작했고, 첫 딸 샤롯 벨(Charlotte Bell)이 태어나며 잠시나마 행복한 나날을 누리기도 했습니다.

유진 벨 선교사가 아내 로티, 아들 헨리, 딸 샤롯과 함께 1901년 목포 집 앞에서 찍은 사진(유진벨 재단)

그러나 또다시 큰 고난이 찾아옵니다. 유진 벨의 아내, 로티 위더스푼(Lottie Witherspoon Bell)이 심장병으로 고통을 겪다 남편이 전도 여행 중일 때, 치료 한 번 제대로 받지 못한 채 홀로 세상을 떠나게 된 것입니다. 로제타 홀이 남편 윌리엄 홀을 잃었던 것처럼, 이번에는 유진 벨이 사랑하는 아내를 조선 땅에서 먼저 떠나보내야 했습니다. 그러나 로제타 홀이 그러했듯, 유진 벨 또한 이 슬픔 속에서도 사명을 포기하지 않았습니다. 그는 자신의 아내를 기리며 1903년, 한국인 성도들의 정성과 헌금으로 로티 위더스푼 벨 기념 예배당을 건축합니다. 이는 2백 명을 수용할 수 있는 석조 예배당이며 전체 비용의 5분의 4는 목포 교우들의 헌신적인 헌금에 의한 것이었습니다.[5] 이처럼 피와 눈물로 세워진 목포 선교는 이제 광주 선교로 이어지는 새로운 장을 열게 됩니다.

  개항장과 더불어 목포의 선교는 전라남도 선교에 가능성을 보여주기는 하였지만 목포는 적은 인구와 더불어 상당수가 일본인이라는 제한으로 새로운 선교부의 개설이 절실하였습니다. 이에 미국 남장로교 한국 선교부는 1904년에 광주 선교부를 결의하고 김윤수 집사를 통해서 선교부지를 구입하였으며 역시 유진 벨 선교사와 오웬 선교사를 파송하였습니다. 1904년 12월 25일 성탄절 아침, 미국 남장로교 선교사인 유진 벨(Eugene Bell) 목사는 광주군 효천면 양림리 자신의 사택에서 선교사 오웬과 한국인 신자들과 함께 첫 예배를 드렸습니다. 이 예배가 바로 광주교회(현 광주제일교회)의 시작이었습니다. 광주교회는 교세가 확장되면서 북문 안에 예배당을 신축하고, 교회를 북문안교회로 부르게 되었으며 몇차례 이름을 바뀌어 오늘의 광주제일교회가 되었습니다. 광주교회의 첫 번째 신자는 최흥종입니다. 최흥종에 대한 이야기는 이곳에서 짧게 이야기하기에는 너무나도 아쉬우며 이후로 기약해 봅니다.

---

5 김수진, 『호남선교 100년과 그 사역자들』, 185쪽.

유진 벨 선교사는 복음 전도와 더불어 조선 민중에게 근대 교육을 제공하는 것을 매우 중요하게 여겼습니다. 그는 "복음을 이해하려면 글을 알아야 하고, 교회를 세우려면 지도자가 필요하다"는 신념을 바탕으로 교육 선교를 선교 전략의 핵심으로 삼았습니다. 특히 전남 지역은 당시 교육 기반이 열악했기 때문에, 학교 설립을 통한 지역 복음화와 계몽을 동시에 추구했습니다. 이에 대한 구체적인 결실이 목포의 영흥중고등학교의 전신이 되는 '영흥학교'와 광주의 숭일중고등학교의 전신인 '숭일학교'입니다.

　　조선 땅에 복음을 들고 온 유진 벨 선교사의 발걸음은 언제나 순탄했던 것이 아니었습니다. 그의 사역의 길은 복음의 씨앗을 뿌리는 일인 동시에, 가장 사랑하는 이들을 흙으로 돌려보내야 했던 눈물의 여정이기도 했습니다. 첫 번째 아내와는 병으로 사별하고 이후 '마가렛 불 벨'(Margaret Bull Bell)과 재혼하게 되지만, 두 번째 아내와의 결혼 생활도 오래가지 못했습니다. 1919년 3·1 운동에 앞장선 교인들이 투옥되고 교회들이 일제의 모진 핍박을 받게 되자, 주한미국선교사들이 1919년 3월 26일 서울 미국대사관에 모여, 3·1 운동에 앞장섰다가 구속된 기독교인들을 어떻게 암암리에 도울 수 있을까?"대해 논의를 하였습니다. 회의가 끝난 뒤 유진벨 선교사는 새 승용차를 수령하여 기차로 운송하려 했으나 화물칸을 구하지 못해서, 자신이 직접 운전을 하고 광주로 내려오다가, 수원 남쪽 병점 철도건널목에서 기차와 충돌하는 사고를 당하였습니다. 뒷좌석에 탔던 부인 마가렛과 크레인 목사가 현장에서 사망하고, 조수석에 탔던 녹스 목사는 오른쪽 눈을 실명하고, 자신은 차에서 튕겨져 나와 겨우 목숨을 건진 대형 사고였습니다. 유진 벨은 이 충격적인 사고로 또 한 번 사랑하는 이를 잃었습니다. 마지막 세 번째 아내는 '줄리아 다이서트 벨'(Julia Dysart Bell)과는 마지막까지 여정을 함께 하였습니다.

유진 벨에게는 자녀의 죽음에 대한 아픔도 있었습니다. 유진 벨 선교사와 두 번째 아내인 마거릿 불 벨(Margaret Bull Bell) 사이에서 태어난 아들 홀랜드 스콧 벨(Holland Scott Bell)은 1911년에 태어나 이듬해인 1912년에 사망하였습니다.

유진 벨의 넘치는 사역의 열매 이면에는 상실과 아픔의 눈물이 있었습니다. 그러나 그의 사명을 멈추지 않았습니다. 상실이 제물이 되어 더 나아가 그는 믿음의 가문을 이루었습니다.

유진 벨의 사위이며 린튼가의 시작이 되는 '윌리암 린튼'(인돈)은 남장로교 선교회가 파송한 최연소 선교사로 들어와 신흥학교 교장 시에는 신사참배 문제로 스스로 폐교를 결정하기도 하였습니다. 해방 후에는 6.25 이후 부산에서 피난민 구호 활동을 하고 1956년에는 한남대학교의 전신인 대전대학을 설립하기도 하였습니다. 윌리엄 린튼의 셋째 아들인 '휴 린튼'(인

휴)는 3대 한국 선교사로 세 아들을 결핵으로 잃고, 해군 장교로 인천 상륙작전에 참여하였으며, 1960년 대 대부분을 전라남도 산간벽지를 돌며 교회를 개척하여 '순천의 검정고무신'이라 불리며 순천에서 600여 개의 교회를 개척하였습니다. 그는 세 아들을 잃고, 그 자신 또한 고흥 간천사업도중 1984년 교통사고로 하나님의 품에 안겼습니다. 유진 벨이나 휴 린튼은 아픔을 딛고서 한국 선교를 결코 포기하지 않았습니다. 이러한 끈질긴 사랑으로 휴 린튼의 둘째 아들인 '스티브 린튼'(인세반)과 '존 린튼'(인요한)의 사역까지 이어집니다. 이들은 유진 벨 선교사의 한국 선교 100주년을 기념하여 1995년 유진 벨 재단을 설립하고, 1995년 북한지역의 가뭄과 수해로 인한 극심한 피해들을 돕기 위해 북한 선교의 첫 삽을 뜨며 북한의 결핵 퇴치와 인도적 지원에 앞장서고 있다. '존 린튼'(인요한)은 연세대학교 의과대학 교수로서 한국형 구급차 개발하기도 하였습니다.

유진 벨은 마지막까지 광주 양림동에 머물며 선교 사역을 지속했습니다. 병을 얻은 뒤에도 사역지를 떠나지 않고, 조선 땅에서 마지막까지 선교의 삶을 마무리했습니다. 유진 벨은 1925년 9월 28일 광주 양림동 자택에서 하나님 품에 안기며 광주 양림동 선교사 묘역에 안장되었습니다.[6]

---

6 유진 벨에 관하여, 김지운, "유진벨 선교사의 호남선교 연구"(총신대학교 선교대학원 석사학위논문, 2016)을 많이 참고하였습니다.

ㅣ 메시지 순례

04

너희 안에 이 마음을 품으라

가장 낮은 곳으로

첫째 낮추심: 비움

#윌리엄 스크랜턴

둘째 낮추심: 찾아감

#사무엘 무어

셋째 낮추심: 성육

#제임스 게일

너희 안에 이 마음을 품으라
가장 낮은 곳으로

첫째 낮추심: 비움

한 사람의 위대함은 어떻게 평가되어야 할까요? 세상은 그가 무엇을 이루었는지에 주목하지만, 믿음의 세계에서는 그보다 더 본질적인 질문을 던집니다. 그는 무엇을 버렸는가? 이는 사랑의 본질이기도 합니다. 십자가의 위대함 이전에, 하늘 보좌를 비우신 하나님의 어린양이 있었습니다. 십자가 없이는 부활이 없듯, 하늘 보좌를 비움이 없이는 십자가 또한 없었을 것입니다. 오늘의 보잘것없는 성취가 우리의 마음을 상하게 하는 날들이 많음에도 불구하고 믿음의 세계는 우리들이 무엇을 비웠는지, 무엇을 버렸는지를 돌아보게 합니다. 이것이 우리들의 위로이기도 하고, 오늘의 결단이기도 합니다.

"그러나 무엇이든지 내게 유익하던 것을 내가 그리스도를 위하여 다 해로 여길뿐더러 또한 모든 것을 해로 여김은 내 주 그리스도 예수를 아는 지식이 가장 고상하기 때문이라 내가 그를 위하여 모든 것을 잃어버리고 배설물로 여김은 그리스도를 얻고 그 안에서 발견되려 함이니..."(빌 3:7-9)

이제 이러한 물음을 마음에 품고, 윌리엄 스크랜턴 선교사의 삶을 묵상하며 살펴보고자 합니다. 그에 앞서 먼저 짚어야 할 것은, 우리가 말하는 '스크랜턴 선교사'는 누구를 가리키는가 하는 점입니다. 어머니 스크랜턴의 메리 스크랜턴이 있고, 아들 스크랜턴인 윌리엄 스크랜턴이 있습니다. 보통은 부부나 형제가 함께 선교사로 헌신하는 경우는 있지만 이처럼 모자(母子)가 함께 선교사로 헌신하는 경우는 특별합니다.

윌리엄 스크랜턴

메리 스크랜턴

#윌리엄 스크랜턴(William Benton Scranton)

윌리엄 스크랜턴(William Benton Scranton)은 1856년 5월 29일, 미국 코네티컷 주 뉴헤이븐(New Haven, Connecticut)에서 태어났습니다. 홉킨스학교와 예일대학을 수학하고 뉴욕의과대학을 졸업한 후에 클리블랜드에서 병원까지 개업하였습니다. 스크랜턴은 명문 가문에 명문 학교를 졸업하고, 병원까지 개설함으로 부요한 삶을 살 수 있었습니다. 스크랜턴은 단순히 의사로서 성공한 인물이 아니라, 사회적 신분과 교육, 재정적 기반을 모두 갖춘 미국 상류층에 속하는 사람이었습니다. 소위 상위 1%의 삶을 살 수 있었습니다. 그러나 개업한 지 2년밖에 되지 않는 병원을 정리하고 부르심에 순종하였습니다. 하나님의 부르심 앞에서 그는 주저하지 않았고, 자신의 미래가 보장된 삶을 뒤로한 채 조선이라는 낯선 땅으로 선교사의 길을 택했습니다. 자신의 배와 그물을 버리고 예수님을 따랐던 제자들의 그 길을 스크랜턴도 따랐습니다.

약 한 달간의 장티푸스로 병상에 있었던 윌리엄 스크랜턴은 강한 어머니의 권유와 함께 선교사의 삶으로 결단하게 됩니다. 분명 그의 아내 루이자 스크랜턴에게도 결코 쉬운 선택은 아니었을 것입니다. 안정된 삶과 익숙한 환경을 내려놓고, 낯선 조선 땅으로 떠나는 길은 누구에게나 큰 도전입니다. 그러나 결국 윌리엄 스크랜턴과 루이자 스크랜턴 부부는 하나 되어 부르심에 응답하였습니다. 그들의 순종은 한 사람만이 아닌 가족 전체의 믿음의 결단이었습니다.

조선 정부가 기독교 선교를 허용하게 된 데는, 매클레이의 외교적 역할이 컸습니다. 하지만 처음부터 복음 전도를 허락한 것은 아니었습니다. 조선은 미국인들의 병원과 학교 설립은 허용하되, 직접적인 종교 활동은 공적으로 허락하지 않은 상황이었습니다. 비록 제한적이지만 이러한 문이 열리자, 감리교와 장로교는 각각 의료와 교육을 통해 선교하고자 하였습니다. 장로교의 의료 선교사 알렌, 헤론과 교육 선교사 언더우드가 있다면 감리교에는 의료 사역을 위해 파송된 선교사 스크랜턴과 교육 선교사 아펜젤러가 있었습니다.

윌리엄 스크랜턴

아펜젤러

감리교에 있어, 이 두 사역은 보빙사를 만난 바 있는 가우처의 헌신적인 기부를 바탕으로 재정적 준비가 이루어졌습니다. 스크랜턴은 본래 의사였지만, 감리교는 그에게 목사 안수까지 주며 선교사로서의 사역을 전인적으로 위임했습니다. 이 또한 당시로서는 매우 이례적이고 파격적인 파송 방식이었습니다. 이렇게 윌리엄 스크랜턴은 감리교에서 한국 선교사로 공식 인준받은 첫 번째 인물이 되었습니다.

스크랜턴과 아펜젤러는 모두 미국을 출발하는 하루 전인 1885년 2월 2일에 목사 안수를 받고, 스크랜턴 부부와 2살 난 어린 딸, 그의 어머니 메리 스크랜턴, 아펜젤러 부부까지 총 6명은 2월 3일 샌프란시스코를 떠나 2월 27일에 일본 요코하마에 도착하였습니다. 그러나 쉽게만 열릴 것만 같았던 조선 선교는 갑작스러운 난관에 부딪치게 되었습니다. 1884년 12월 3일에 일어난 갑신정변이 3일 천하로 실패하면서 개혁과 개방을 주장하던 급진적인 개화파가 축출되고 외세에 대한 반감을 가진 수구 세력이 주도권을 쥐게 되었습니다. 불안정한 정세에 스크랜턴과 아펜젤러는 상황을 지켜보아야 했습니다. 그러나 이러한 막힘 또한 기이한 것은 기독교에 우호적이었던 갑신정변의 주도 세력들이 일본으로 망명오게 되면서 이들이 스크랜턴과 아펜젤러를 도왔던 것입니다. 갑작스러운 선교의 문이 열림으로 제대로 준비되지 않았던 이들에게 큰 도움을 주었습니다. 특별히 고종의 조카 사위인 박영효는 선교사들에게 한국말을 가르쳐주기까지 하였습니다. 이들은 아직 한국어와 조선 상황에 익숙지 않았던 선교사들에게 언어와 문화, 정치적 상황에 대한 실질적 도움을 주는 중요한 동역자가 되었습니다. 이것은 우연의 결과가 아닌, 닫힌 것처럼 보이던 문을 다른 방식으로 여시는 하나님의 섭리였습니다.

잠시 박영효에 대해서 살펴보고자 합니다. 박영호는 갑신정변의 주동자들 중에 한 사람이었으나 철종의 외동딸 영혜 옹주와 결혼한, 철종의 사위로 극형은 면하였습니다. 이후 미국으로 갔다가 일본으로 건너와 1894년까지 10년 동안 망명생활을 하였습니다. 이 기간에 박영효는 일본의 개화파 인사 후쿠자와 유키치의 개화사상에 젖었으며 이들의 도움으로 1893년 말에 도쿄에 교포 유학생들을 위한 친린의숙을 세워 운영하였습니다. 일본의 망명 생활에 박영효는 서양 선교사들과 교류하였고 조선의 근대화를 위해서 기독교가 필요함을 깨달았습니다.

10년 후인 1894년 8월 23일에 친일인사의 영입에 의해 다시 서울로 돌아왔으나 1895년 10월 을미왜변에 연루되어 다시 일본으로 망명하게 됩니다. 이것이 두 번째 망명입니다. 다시 일본에서 10년을 보낸 박영효는 1907년 6월 초에 비공식으로 부산에 들어와 6월 13일 고종의 특사를 받게 되나 고종이 헤이그 밀사 사건으로 밀려나게 되자, 양위 반대파로서 양위 찬성파를 암살하려 하였다는 죄목으로 제주도에서 1년 간 귀양살이를 해야 했습니다. 1907년부터 1910년 2월까지 제주도에 체류하였던 박영효는 이기풍과의 만남 가운데에서 이기풍을 돕기도 하였습니다. 이와 같이 일본과 제주에서 복음을 위해서 또 다른 준비된 사람이었습니다.

다시 돌아와, 조선 입국의 지체는 많이 실망스러웠지만 언제나 우리는 하나님의 또 다른 이끄심을 기대할 수 있습니다. 아펜젤러 부부가 다시 일본으로 돌아간 뒤, 윌리엄 스크랜턴은 자신의 가족들을 일본에 남겨둔 채, 홀

광혜원(연세대학교 홈페이지), 개원 12일 만인 1885년 4월 22일에 제중원(濟衆院)으로 명칭이 변경되었습니다.

로 1885년 4월 20일 요코하마를 출발하여 나가사키를 경유, 5월 3일에 마침내 조선 땅을 밟았습니다. 그는 입국 후 첫 번째 사역으로 5월 22일부터 6월 24일까지 약 한 달간 알렌을 도와 제중원의 진료 업무를 맡았습니다. 그러나 이 사역을 통해서 스크랜턴은 정부 관할 병원에서 선교사로서의 사역에 한계를 느끼게 됩니다. 한 달 후에 자신의 거처와 선교 부지를 마련하고 독자적인 의료 활동을 시작하였으며 정동 주택의 방 하나를 진료실로 개조하여 9월 10일부터 환자를 진료하였는데 이것이 바로 '시(施)병원'의 시작이 되었습니다. 처음에는 이름도 없었고, 정동에 있었으므로 정동병원이라고 부르다가 공식적으로 '시병원'이라는 이름이 주어졌습니다.

| 메시지 순례

정동제일교회는 한국 최초의 감리교회로서 예배당이 서기 전에 이곳에는 감리교 최초의 병원인 시병원이 자리하고 있었습니다(한국민족문화대백과사전).

　제중원은 국립 의료기관으로 복음 전파에는 제한적이었습니다. 반면 스크랜턴의 시병원은 감리교 선교부의 직접 관할 하에 운영되어 환자 치료와 더불어 복음 전파와 신앙 상담, 성경 교육까지 자유롭게 이루어질 수 있었습니다. 제중원이 한국 근대 의학의 출발점이었다면, 시병원은 한국 의료 선교의 시작점이었다고 할 수 있습니다. 스크랜턴의 시병원은 가난한 자들을 무료로도 치료하면서 '무료 병원'으로 소문이 나서 더욱 많은 환자들이 찾아오게 되었습니다. 이곳은 이후 한국 의료 선교와 여성 의료 사역의 기초가 되는 중요한 전환점이 됩니다.

스크랜턴이 자신의 거처와 선교 부지를 마련하자, 나머지 가족들과 아펜젤러 부부 또한 조선에 입국할 수 있는 여건이 마련되었습니다. 스크랜턴은 조선 입국 후 인천에 약 한 달간 머무르던 아펜젤러 부부를 위해, 그들이 정착할 서울 내 거처를 마련하는 일을 도왔습니다. 이 무렵 스크랜턴은 자신의 독자적인 의료 사역을 시작하고 있었는데, 그에게 찾아온 사람들 중에는 의사가 되기를 희망하는 조선 청년들도 있었습니다. 그중 두 사람이 바로 이겸라와 고영필이었습니다. 스크랜턴은 이들을 아펜젤러에게 소개했고, 서울에 도착한 지 닷새째 되던 날인 1885년 8월 3일, 아펜젤러는 이 두 청년을 대상으로 교육하였는데 이것이 배재학당의 시작이 되었습니다. 곧 스크랜턴은 감리교 선교사의 첫 번째로 인준된 자이며, 첫 번째로 서울에 입경하여 선교의 기틀을 닦은 자가 되었던 것입니다.

윌리엄 스크랜턴이 자신의 거처에서 시작한 시병원은 복음과 의료의 자율성이 보장된 공간이었지만, 여전히 서울 중심부에 한정된 사역이었습니다. 이에 스크랜턴은 병원의 사역을 가난하고 소외된 이웃이 사는 지역으로 확장하고자 했고, '선한 사마리아 병원' 구상을 품게 됩니다. 양반이 살던 정동으로는 가난한 자들, 헐벗은 자들의 접근이 불가능하였기에 위험하고 불편하나 성문 밖으로 그들을 찾아가야 했습니다. 그 결과, 의사나 선교사가 직접 순회하며 진료하는 시약소들이 마련되었고, 이는 실질적인 선한 사마리아인의 사랑을 실천하는 장이 되었습니다. 스크랜턴은 특히 서대문

밖 애오개 언덕, 남대문 시장 내의 언덕, 동대문 성벽 아래 언덕과 같은 외곽 지역에 시약소를 개설하였고, 이들 지역은 사회적으로도 소외된 이들이 모여 사는 곳이었습니다. 그는 시약소 부지를 매입할 때마다 예배당 부지를 함께 확보했는데, 이는 의료 사역을 복음 전파로 연결하고자 한 선교적 지향을 분명히 보여줍니다. 스크랜턴은 가난하고 헐벗은 사람들, 질병과 사고로 고통받는 이들의 1차적인 필요를 채우는 시약소를 세웠습니다. 그러나 그의 궁극적 목적은 그들의 육체적 치료를 넘어, 복음을 전하고 교회를 세우는 것이었습니다. 이러한 그의 사역은 열매를 맺어, 애오개 지역에는 아현교회가, 남대문 시장 안에는 상동교회가, 동대문 지역에는 동대문교회가 각각 설립되기에 이르렀습니다. 의료 선교사이자 목사 안수를 받은 복음 전도자였던 스크랜턴은 자신의 이중적 정체성을 온전히 실현해 갔습니다. 이후 그는 감리교 전체 선교사역을 관리하는 장로사, 총리사의 책임을 맡게 되었고, 그의 사역은 의료를 넘어 복음 전파의 전반적 영역으로 확장되었습니다. 뿐만 아니라 서울 변두리에 세워진 이와 같은 교회들은 지방선교를 위한 거점이 되었습니다.

윌리엄 스크랜턴의 선교 여정은 이처럼 귀한 사역의 씨를 뿌렸던 찬란한 시작과 복음적 열정으로 가득했지만, 시간이 지나면서 선교 행정과의 갈등, 그리고 조선 선교에서의 퇴장이라는 아쉬운 결말로 이어졌습니다. 그러나 우리는 이러한 역사적인 침묵 속에서 주는 메시지를 또한 살펴야 할 것입니다.

기독교
대한감리회 **아현교회**

아현교회(위, 홈페이지), 상동교회(아래)

동대문교회(홈페이지)

　한국과 일본 감리교를 총괄하는 해리슨과의 관계는 그의 친일적인 행각
으로 마찰이 되었고, 감리교 내의 청년 운동조직으로 신앙 훈련, 봉사, 성경
공부 등을 포함한 전인적 신앙 공동체였던 엡윗 청년회는 국우화되면서 순
수성을 상실하고 정치적인 조직이 되는 것에 대한 우려와 이로 말미암은 일
본 정부의 탄압으로부터 공동체를 지켜야 하는 책임감으로 결국 스크랜턴
은 엡윗 청년회를 해산하는 극단의 조치를 취하여야 했습니다. 이는 한국
교인들에게는 실망을 주었을 것은 자명합니다. 그러나 신앙의 순수성을 지
키려 했던 스크랜턴은 양극단 가운데 어디에서도 서지 못한 채 외롭게 갈등
했고, 그 길은 끝내 외로운 퇴장으로 이어졌습니다. 결국 스크랜턴은 1906
년 6월 13일, 감리교의 연회에서 총리사 직책이 박탈되었으며, 1907년 연
회에서 선교사직을 사임합니다.

함께 조선 선교의 길을 걸었던 아펜젤러에 비해서도, 또 한국 여성 교육의 선구자인 어머니 메리 스크랜턴에 비해서도, 윌리엄 벤튼 스크랜턴에 대한 조명은 너무도 희미합니다. 그러나 그가 걸어간 믿음의 여정은 결코 잊혀서는 안 될 소중한 유산입니다. 스크랜턴은 조선 선교를 위해 자신의 모든 것을 비워냈고, 척박한 땅 위에 복음의 터전을 닦았으며, 가난한 자와 고통받는 자들을 위해 진심 어린 헌신과 섬김의 본을 보여주었습니다. 그가 남긴 복음 선교의 흔적들은 오늘도 여전히 우리의 곁에, 우리의 역사 속에 살아 숨 쉬고 있습니다. 스크랜턴은 현재 일본 고베의 로코산 외국인 묘지에 안장되어 있습니다. 이제 그의 삶에 대한 바른 조명과 성찰은, 역사를 살아가는 오늘의 우리에게 맡겨진 책임이자 몫일 것입니다. 그가 외롭게 감당했던 순종의 길은 오늘 우리 모두가 걸어야 할 믿음의 길입니다.[1]

---

1   윌리엄 스크랜턴과 메리 스크랜턴에 관하여, 이덕주, 『스크랜턴』(서울: 공옥, 2014)을 많이 참고하였습니다.

둘째 낮추심: 찾아감

세상에는 부요한 자가 있고, 가난한 자가 있습니다. 그리고 그 사이 어딘가에 속한, 중산층이라 불리는 보통의 사람들도 있습니다. 하지만 이 모든 범주 안에도 들지 못하는 이들이 있습니다. 바로, 극빈자들입니다. 성경은 이러한 계층적 현실을 외면하지 않습니다. 레위기의 제사법은 부요한 자, 보통의 사람들, 가난한 자의 제물을 구분할 뿐 아니라, 심지어 극빈자를 위한 제사의 규례까지 따로 제시합니다. 번제의 제물에 있어 소를 드리든, 양이나 염소를 드리든, 비둘기를 드리든 자신의 힘에 따라 드릴 수 있습니다. 또 다른 사람들에 대한 제사법이 있는데 이는 극빈자를 위한 것입니다. 성경은 가난한 자의 속죄제(레 5:7-10)와 극빈자의 속죄제(레 5:11-13)를 구분하고 있습니다.

이는 하나님의 은혜와 용서 앞에 누구도 배제되지 않도록 하신 자비의 질서입니다. 사무엘 포먼 무어 선교사는 바로 최하위층의 사람들에게 복음을 들고 찾아간 사람이었습니다. 그는 조선 사회에서 가장 천하게 여겨졌던 백정과 천민들의 이웃이 되었고, 그들과 함께 예배하며, 같은 공동체를 이루었습니다. 무어에게 선교란 단지 복음을 전하는 행위가 아니었습니다. 그것은 복음을 통해 차별 없는 사랑을 나누고, 함께 하나님의 가족이 되는 일이었습니다. 그가 품은 복음은 배제하지 않고, 낮은 곳으로 스며들며, 사람을 존귀하게 회복시키는 복음이었습니다.

#사무엘 무어(Samuel Forman Moore)

무어

　사무엘 무어(Samuel Forman Moore)는 1860년 9월 15일, 미국 일리노이주 그랜드리지(Grand Ridge)에서 태어났습니다. 1889년 몬타나 대학교를 졸업한 뒤, 시카고의 맥코믹 신학교(McCormick Theological Seminary)에서 신학을 수학한 후, 1892년에 목사 안수를 받은 후 같은 해에 부인 라로즈 엘리 무어(LaRose Ely Moore)와 함께 북장로교 선교사로 파송을 받아 8월 16일에 샌프란시스코항을 떠나 9월 19일 제물포에 도착하였습니다.

무어 가족

조선 땅에 복음을 전하고자 하는 강한 열정은 먼저 언어의 장벽을 넘어서 야 했습니다. 무어는 사람들과 어울려 배우는데 두려움이 없었습니다. 조선 말을 배우기 위해 조선 사람들이 사는 곳에 집을 마련하여 조선인들과 함 께 살고, 그들의 말과 삶을 습득해 나가 6개월에 이르렀을 때에는 어느 정 도 한국인들과 대화가 가능하게 되었습니다.

더욱이 무어는 조선 사회에서도 가장 낮은 계층인 천민과 백정 등이 밀집 해 살던 곳에서 노방 전도를 하였는데 무어는 자신의 집을 예배와 교육의 공간 삼아 가난한 아이들을 모아 '예수학당'이라 불린 작은 교실을 열고, 한 글과 성경을 가르쳤으며, 동시에 지역 주민들을 대상으로 성경공부와 예배 모임을 시작하여 16명의 교인들과 '곤당골교회'를 설립하였습니다. 이는 두 번째 장로교회입니다. 그곳에는 특별히 백정들이 모여 살고 있었습니다.

무어의 곤당골교회 이야기는 특별히 박성춘에 관한 이야기로 채워집니 다. 박성춘의 아들 박봉출은 후에 이름을 박서양(朴瑞陽)으로 개명하였으 며, 그는 백정의 아들로서 최초의 서양의사 가 되었습니다. 박서양은 1885 년 9월 30일 한성부에서 백정 출신인 박성춘과 어머니 조 씨 사이에서 태 어났습니다. 그는 제중원 의학교(현 세브란스 의과대학)를 1908년 제1회 로 졸업하였고, 이후 세브란스 의학전문학교의 교수로 재직하며 후학을 양 성하였습니다.

박서양과 졸업 사진, 가운데 줄 맨 오른쪽이 박서양

    조선시대에 최하층 신분을 일컫는 말로 '칠천반(七賤班)'이라는 용어가
있었는데, 여기에 속한 계층으로는 포졸, 광대, 고리장(나무껍질로 장을 만
드는 사람), 무당, 기생, 갓바치(동물 가죽으로 신을 만드는 사람), 백정 등
이 있었습니다. 그중에서도 백정은 칠천반 중 가장 천한 신분으로 간주되
었습니다. 백정은 '무적자(無籍者)', 즉 호적이 없는 존재로 여겨져 인구조
사에서도 제외되었고, 상투를 트는 것조차 금지되었습니다. 이는 곧 조선
사회에서 인정받지 못하는 사람이라는 의미였습니다. 망건이나 갓 또한 금
지되어 있었기 때문에, 백정들은 외출할 때 갓 대신 패랭이(짚으로 만든 모
자)를 써야 했습니다. 이는 어디서나 그들의 신분이 즉각적으로 드러나도록
강요한 사회적 장치였습니다. 조선시대에는 망건을 쓰지 않은 상태는 일반
적으로 미성년을 뜻하는 표시였기에, 아무리 나이가 많고 성숙한 백정이라
할지라도, 사회적으로는 '어린아이'로 취급받는 수모를 당해야 했습니다.

| 메시지 순례

박성춘은 아들 봉출을 무어 선교사가 운영하던 학교에 보냈습니다. 어느 날 봉출을 통해 아버지가 장티푸스로 사경을 헤매고 있다는 소식을 들은 무어는 당시 고종의 어의이자 제중원의 책임 의사였던 에비슨(Oliver R. Avison)을 데리고 박성춘의 집으로 향했습니다. 임금님의 시의가 거지보다도 천대받던 백정의 집을 직접 찾아와 치료해 주었다는 사실은 박성춘에게 큰 충격과 감동으로 다가왔습니다. 자신과 같은 천한 신분의 사람을 귀하게 여기는 그 사랑과 자비, 그리고 무어의 헌신은 그에게 복음의 진리를 받아들이게 하는 계기가 되었습니다. 박성춘은 1894년 온 가족과 함께 곤당골 교회에 출석하게 됩니다. 그러나 백정 출신이었던 그는 자신의 신분을 드러내지 않은 채 예배에 참석했고, 무어의 가르침을 통해 복음을 받아들인 후에는 결국 세례를 받기에 이릅니다. 복음을 받아들인 자가 세례를 받는 것은 당연한 일인 것입니다. 문제는 박성춘이 세례를 받은 후에야 그가 '백정'이라는 사실이 밝혀지면서 교회는 큰 파장이 일어나게 되었습니다. 조선의 신분제 사회에서 백정이 성도가 되고 형제가 된다는 것은 전례가 없는 일로 큰 갈등의 원인이 되었습니다. 사람들은 말했습니다.

"거지는 신분이 높아져 사람이 될 수 있어도, 백정은 사람이 될 수 없다."

그 결과, 교인들의 절반 가까이가 출석을 거부하는 사태로 이어졌습니다. 이는 단지 한 사람의 세례에 대한 논란이 아니라, 교회가 조선의 신분 질서에 굴복할 것인가, 아니면 복음의 평등을 따를 것인가 하는 중대한 시험대였습니다.

사람들은 교회 안에서 백정과 함께 예배드리는 것을 받아들이지 못했습니다. 그래서 교회를 따로 짓든지, 아니면 가정에서 따로 예배를 드리든지 하여, 백정 문제를 분리하여 해결하길 원했습니다. 그러나 무어는 처음부터 가난한 사람들을 찾아 이곳에 온 것입니다. 양반이든 백정이든, 하나님 앞에서는 모두가 형제요 자매이기에, 결코 백정들을 교회 밖으로 내쫓을 수는 없었던 것입니다. 무어는 복음의 평등함을 끝까지 지켰고, 이에 따라 백정 출신 교인들은 교회에 남았습니다. 그러자 이에 반발한 양반 교인들은 1895년 4월 20일, 결국 다른 처소로 옮겨 예배를 드리게 됩니다. 그들이 새롭게 모여 예배드린 장소가 홍문동이었고, 이로 인해 그 공동체는 '홍문섯골교회'로 불리게 되었습니다.

이러한 갈등과 분열된 모습은 뜻밖의 일로 해결되기 시작하였습니다. 3년 후인, 1898년 6월 17일 곤당골교회가 화재로 소실되었는데 이를 계기로 곤당골교회와 홍문섯골교회가 하나가 되었습니다. 곧 1899년 곤당골교회가 홍문섯골교회로 들어감으로 하나가 되어 곤당골교회는 없어지고 홍문섯골교회로 남았습니다. 이후 홍문섯교회는 선교사들의 연합 당회인 서울 당회의 간섭에 반발함으로 1902년 2월에 해산됩니다. 이에 교인들은 제중원(구리개병원) 내의 예배처소로 가서 예배를 드리다가 동현교회로 가서 예배를 드리고 1904년 12월에 인사동으로 이전하여 승동(承洞)교회가 되었고 지금의 승동(勝洞)교회로 개명하였습니다.

승동교회(홈페이지)

　곤당골교회에서 백정 박성춘이 세례를 받은 후, 양반 교인들이 교회를 떠
나자 무어 선교사는 큰 실망에 빠졌습니다. 그러나 바로 그때, 박성춘은 자
신의 동료 네 사람을 데리고 교회로 나왔습니다. 한 사람의 변화는 참으로
놀라운 역사를 일으키기 시작합니다. 당시 신분제의 울타리에 갇혀 살아가
던 이들은 삶에 아무런 희망도 없이 술과 도박으로 생을 소모하며 살아가
고 있었습니다. 그러나 복음은 그들에게 새로운 삶의 의미와 방향을 열어
주었습니다. 박성춘과 그 동료들, 다섯 명의 백정들은 자신들만 변화된 데

서 멈추지 않고, 자신들의 부모와 형제들까지 교회로 인도하기 시작했습니다. 복음은 그들 안에서 가정을 바꾸고, 공동체를 바꾸고, 삶의 질서를 바꾸기 시작했습니다. 사람이 사람답게 대우받는 것은 너무도 당연한 일이지만, 그들에게는 이제 이러한 일이 일어나게 되었습니다. 복음은 마침내 사람을 존귀한 존재로 회복시키는 능력으로, 그들 가운데 역사하고 있었습니다.

조선 사회는 역사적인 전환기를 맞고 있었습니다. 1884년 갑신정변이 3일 천하로 끝나면서 개혁의 불씨가 꺼진 듯하였지만, 10년 뒤인 1894년에 신분제 폐지를 요구하는 동학혁명이 일어나고 이들의 요구는 1894년, 갑오개혁이 단행되면서 홍범 14조와 같은 칙령이 발표되었습니다. 오랜 신분제가 법적으로 폐지되었습니다. "모든 백성이 평등하다"는 원칙 아래 노비문서가 폐지되고, 양반·상민·천민의 구별이 공식적으로 사라지게 되었습니다. 과거제의 폐지로 신분이 아닌 능력으로 인재가 등용될 수 있었습니다. 물론 사회 인식이 하루아침에 바뀐 것은 아니었지만, 법과 제도의 붕괴는 새로운 인식의 시작을 가능하게 했습니다.

법적으로는 신분제가 철폐되었다고는 하지만, 여전히 조선 사회는 관습적으로 신분제의 그늘 아래 놓여 있었습니다. 1895년, 청일전쟁의 여파로 조선 전역에 콜레라가 급속히 퍼졌고, 그 퇴치에 기여한 서양 의료 선교사들의 영향력은 더욱 커졌습니다. 이 시기, 무어 선교사는 의료 선교사인 올

리버 R. 에비슨을 통해 조정에 한 가지 특별한 청원을 하게 됩니다. 바로, 백정들도 다른 사람들처럼 상투를 틀고 갓을 쓰도록 허락해 달라는 요청이었습니다. 그가 조정에 올린 탄원서에는 다음과 같은 내용이 담겨 있었습니다

"각하. 각하께 조선의 백정들이 극히 하잘 것 없는 생활을 하고 있음을 환기시킬 필요는 없을 것 같습니다. 이들은 비록 사회의 쓸모없는[2] 사람들이라 지력(知力)도 남보다 뒤떨어지지 않지만 이들에게는 조선에서 남자의 상징인 상투를 하고 갓을 쓰는 영예로운 관습이 허여(與)되어 있지 않습니다. 조정에 도량이 넓고 진보적인 인사(人)가 많은 차제에 감히 이런 상황이 개선되기를 바라는 바입니다. 이것은 조선에 있는 외국인들의 생각이며 오랫동안 고난을 받아온 이런 백정들에게 정의로운 조처가 취해진다면 우리 모두 크게 기뻐할 것임을 밝혀두는 바입니다. 근계(啓)"

며칠 후, 500년 백정 신분의 한을 풀어주는 회신이 내무아문을 통해 무어 선교사에게 전달되었습니다.

"너희들의 소원을 허락한다. 갓과 망건을 쓰고 다른 사람들과 같이 도포를 입어라. 그리고 평민의 신분을 누리라. 그러나 주의해라. 다른 사람들과 같이 외모만 갖추도록 하지 말고 조심스럽게 너희들의 내적인 행복을 생각

---

2 소외된 계층, 천대받는 사람들이라는 의미로 여겨집니다(필자 주).

하라. 만일 관가에서 아전들이 너희들을 억압하려고 하면 싸우지 않도록 조심하면서 이 교서를 보여주도록 하라."

이 칙령은 단순한 복장 허용의 문제가 아니었습니다. 이는 조선 사회에서 가장 아래에 있던 백정들에게 '사람'으로 살아갈 수 있는 존엄을 회복시켜 준 역사적인 선언이었습니다. 이 놀라운 해방을 경험한 박성춘은, 복음의 은혜에 대한 응답으로 자신의 동료들에게 복음을 전하겠다는 결심을 하게 됩니다. 이미 신자가 된 몇몇 동료들과 함께 그는 삼남 지방의 1만여 명에 이르는 백정 공동체를 찾아다니며 복음을 전하는 전도여정을 시작했습니다.

조선에서의 긴 선교 사역을 마친 사무엘 무어는 말년에는 미국으로 귀국했고, 조용히 하나님의 부르심을 받아들였습니다. 1935년, 향년 75세의 나이로 하나님의 품에 안겼습니다. 그러나 그의 무덤은 서울 양화진 외국인 선교사 묘원에 안장되어 여전히 우리들 가까이에 머물고 있습니다.

사명은 각 사람에게 다르게 주어집니다. 누군가는 성벽을 세우지만, 누군가는 무너진 마음의 담을 허뭅니다. 무어 선교사는 가장 낮은 자의 곁에 서는 것을 주저하지 않았습니다. 그의 복음은 말이 아니라 존재를 존중하는 사랑으로 전해졌고, 그 섬김은 가장 천하다고 여겨졌던 사람들을 가장 복되게 했습니다.

오늘날 우리에게 묻습니다.
우리는 누구의 곁에 서고 있는가?
우리는 복음을 말로만 전하고 있지는 않은가?
무어의 발걸음은 오늘도 우리를 부르고 있습니다.
가장 낮은 자리로, 가장 깊은 사랑으로.[3]

---

3 무어에 관하여, 정승현, "초기 개신교의 하층민선교에 대한 연구-백정 선교를 중심으로"(장로회신학대학
   교 대학원 석사학위논문, 2004)을 많이 참고하였습니다.

셋째 낮추심: 성육

참된 낮추심은 무엇일까요? 네 번째 장에서 세 인물인 윌리엄 스크랜턴과 사무엘 무어와 마지막 제임스 게일은 낮은 자를 향하시는 예수님의 모습을 우리들에게 보여줍니다. 그러나 각각의 역할과 사명은 달리합니다. 곧 윌리엄 스크랜턴을 통해서 우리는 사랑의 본질인 비움을 보았고, 사무엘 무어를 통해서 가장 낮은 곳까지 찾아감을 보았다면 이제 마지막으로 보아야 할 모습은 제임스 게일을 통해서 성육하신 예수님을 보아야 할 차례입니다. 이는 낮추심의 절정입니다.

"그는 근본 하나님의 본체시나 하나님과 동등됨을 취할 것으로 여기지 아니하시고 오히려 자기를 비워 종의 형체를 가지사 사람들과 같이 되셨고 사람의 모양으로 나타나사 자기를 낮추시고 죽기까지 복종하셨으니 곧 십자가에 죽으심이라"(빌 2:6-8)

주 예수 그리스도께서는 하늘 보좌를 비우셨고, 종의 형체를 가지심으로 '종'이라는 우리들의 낮은 자리까지 우리들에게로 찾아오셨으며, 사람들과 같이 되심으로 성육하신 것입니다. 이제 세 번째 낮추심의 모습을 보고자 합니다. 예수님께서는 사람이 되셨다면 게일에게는 조선 사람이 되는 것입니다. 이는 오늘날 우리들에게 묻습니다.

우리들이 비워할 것,

우리들이 찾아가야 할 곳,

우리들이 되어야 할 존재...

변화는 먼저 우리 안에서 이루어져야 합니다. 세상을 변화케 하는 것이 아니라 우리 자신이 세상 속에서 먼저 변화된 존재가 되어야 합니다.

#제임스 게일(James Scarth Gale)

제임스 게일

제임스 게일(James Scarth Gale)은 1863년 2월 19일, 캐나다 온타리오 주 알마에서 태어났습니다. 그의 가정은 스코틀랜드에서 이주한 장로교 이민 가정이었으며, 아버지는 알마 지역에서 최초의 장로교회를 설립하는 데 크게 기여한 인물이었습니다. 이러한 경건한 신앙 환경은 어린 시절부터 게일의 삶에 깊은 영향을 끼쳤습니다. 게일은 1885년 토론토대학교에 입학하였고, 학업 중 잠시 프랑스에서 유학하며 '맥콜 선교회(McCall Mission)'라는 도시 선교회의 영향을 받게 됩니다. 이 선교회는 초교파적인 성격을 띠며, 빈민가를 방문하여 교육하고 회심자들을 지역 교회에 연결하는 사역을 감당했습니다. 이러한 경험은 게일의 선교관에 중요한 전환점을 가져다주었습니다.

토론토대학교를 졸업한 후, 그는 특정 교단이나 선교 단체 소속이 아닌 자신의 모교 기독학생청년회(UC-YMCA)의 첫 해외 선교사로 파송을 받습니다. 당시 그는 미혼이었고 목사 안수도 받지 않은 평신도였지만, 어떠한 교파적 주장이나 신학적 입장을 전하려는 것이 아니라, 오직 예수 그리스도에 대한 순수한 신앙과 열정으로 선교 여정을 시작했습니다. 1888년 10월 18일, 캐나다를 떠난 게일은 일본을 거쳐 12월 16일, 조선 땅에 도착합니다. 이후 본격적인 선교 활동을 시작하지만, 1890년 소속 선교부가 해체되자 그는 사역의 지속 여부에 대한 고민에 직면하게 됩니다. 이때 미국 북장로교 선교사 마펫의 추천을 받아, 1891년부터 미국 북장로회 선교부 소속으로 사역을 이어가게 됩니다. 그리고 1897년, 그는 정식으로 목사 안수를 받고, 이후 조선에서의 선교와 번역, 교육, 문학 활동에 더욱 헌신하게 됩니다.

25세의 순수한 열정으로 조선 땅을 밟았던 제임스 게일에게 선교의 충격은 이질적인 삶의 환경 때문이 아니었습니다. 언어가 낯설고, 풍속이 다르고, 문화가 이해되지 않는 상황은 이미 예상하고 있던 것이었습니다. 그에게 진정한 충격은, 조선 땅 한가운데에서 외국 선교사들만의 울타리 안에 갇힌 삶이었습니다. 서양식 집과 서양 음식, 서양 예배와 서양 모임 속에서 '조선 선교'라는 이름으로 이루어지던 현실은, 게일에게 복음의 본질과 멀어져 있는 것처럼 보였습니다. 그는 이렇게 말했습니다.

제임스 게일의 저작인 'Korean Sketches'에 담긴 서울

"나는 이렇게 외국인들만 모여 사는 것을 좋아하지 않습니다. 나는 이러한 환경에서 빠져나갈 것입니다. 그리고 조선인이 될 것입니다."

게일은 그 말대로 실천합니다. 조선인의 옷을 입고, 조선 음식을 먹으며, 조선어를 배우는 데 몰입합니다. 단지 언어의 문제가 아니라 삶의 방식 전체를 조선인으로 살아가려 했던 것입니다. 그는 선교의 진정한 길은 '조선인 안으로 들어가는 것'이라고 믿었습니다. 이는 당시 대다수의 선교사들이 자신들만의 서구적 문화권 안에서 머물며 '전달자'로만 존재했던 방식과는 전혀 다른 길이었습니다. 게일은 조선인에게 다가가기 위해 먼저 자신이 변화되어야 한다고 믿었고, 자신을 조선인의 언어와 문학, 사고방식으로 개조해 나갔습니다.

게일은 조선에 도착한 지 불과 3개월 만에, 서울을 떠나 황해도 해주로 향하였습니다. 새로운 언어와 문화를 배우고자 하는 열정으로 떠난 여정이었지만, 해주에서의 현실은 냉혹했습니다. 현지인들에게 그는 '이방인'이자 '야만인'으로 여겨졌고, 머물 집조차 구할 수 없었습니다. 거리에 나서는 것조차 두려운 상황 속에서, 게일은 조선 땅이 단지 선교의 대상만이 아니라 깊은 이해와 인내를 요구하는 삶의 현장임을 절감하게 됩니다. 해주에서의 체류는 고작 2주 남짓, 짧고도 낯선 시간이었습니다. 이후 그는 소래로 자리를 옮겨 약 두 달간 머물렀고, 1889년 6월경 다시 서울로 돌아왔습니다. 불과 세 달간의 짧은 여정이었지만, 게일에게는 큰 성과가 있었습니다. 소래에서 그는 당시 22세의 청년 이창직을 만나게 됩니다. 이창직은 게일의 조선어 학습을 도왔고, 이후로 게일의 평생 동역자로 함께 선교와 번역, 교육의 길을 걸어가게 됩니다.

　1889년 8월, 게일은 소래와 해주에 이어 부산으로 향하게 됩니다. 그가 부산을 택한 것은 선교사가 함께 모여 사는 안정적인 서울(정동)을 떠나 현지인들 속에서 들어가고자 하는 것입니다. 게일은 외국인들의 울타리 안에서 복음을 전하는 것이 아니라, 조선인의 삶 한가운데서 함께 살아가며 말씀을 나누는 방식을 택했습니다. 게일은 정동에서는 결코 조선 사람이 될 수 없었습니다. 조선 사람에게 복음을 전하기 위해서는 먼저 조선 사람이 되어야 했습니다. 그렇게 게일은 최초의 부산 거주 선교사가 됩니다.

부산항과 사슴섬, 1900년대(Busan's port and Deer Island, circa 1900s. Robert Neff Collection)

　부산에서의 게일의 흔적에 관하여 알려진 바가 많지 않습니다. 그러나 앞서 언급한 바와 같이 게일은 데이비스의 죽음의 목격자가 되었습니다. 1890년 3월 14일 서울을 떠나 4월 4일에 부산에서 도착하여 그다음 날 세상을 떠난 데이비스는 게일에게는 너무나 큰 충격이었을 것입니다. 부산에서 홀로 선교사역을 감당하던 그에게 데이비스의 합류는 너무나 큰 기쁨과 기대였을 것입니다. 그러나 기쁨은 오래가지 않았습니다. 도착한 지 불과 하루 뒤인 4월 5일, 데이비스는 세상을 떠나고 맙니다. 게일은 바로 곁에서 그의 마지막을 지켜보았습니다. 이 충격적인 죽음은 게일의 삶에 또 한 번의 전환점을 가져다주었습니다. 그가 걸어온 여정 속에서 복음의 길이 결코 낭만적이지 않다는 사실을, 너무도 생생하게 확인하는 순간이었습니다.

헤론

그 무렵, 또 하나의 사건이 발생합니다. 제중원의 의료 선교사 헤론이 영국 세관원의 딸이 콜레라에 걸렸다는 소식을 듣고, 캐나다 출신의 독립 선교사 펜윅과 함께 부산을 방문합니다. 헤론은 열악한 위생 환경과 반복되는 질병, 그리고 데이비스의 죽음을 목격한 게일에게 다시 서울로 올라갈 것을 권유합니다. 게일역시 그동안 참아왔던 현실의 무게와 생명의연약함 앞에서 이 권유를 가볍게 넘길 수 없었습니다. 결국, 그는 부산에 내려온 지 약 10개월 만에 서울로 돌아갈 결단을 내리게 됩니다. 게일에게 부산은 짧은 체류지였지만, 죽음을 목도하고 생명을 되새긴 곳, 그리고 선교란 무엇인가를 다시 묻는 영적 전환의 자리였습니다.

1890년 6월, 게일은 부산을 떠나 다시 서울로 올라옵니다. 당시 그의 몸과 마음은 지쳐 있었고, 부산에서 목격한 데이비스의 죽음은 여전히 그의 내면을 뒤흔들고 있었습니다. 서울에 도착한 그는 헤론의 배려로 잠시 그의 집에 머물게 되었고, 그와 가까운 교제를 나누었습니다. 이 시기 게일은 언더우드가 설립하고 마펫이 책임을 맡고 있던 예수교학당에서 교사로서의 사역을 시작합니다. 새로운 시작을 준비하며 조용한 안정을 찾아가던 그에게, 또 한 번의 충격이 찾아옵니다. 1890년 7월 26일, 그가 함께 머물던 헤론이 갑작스럽게 세상을 떠난 것입니다. 그의 죽음은 단순한 전염병 때문만은 아니었습니다. 당시 보고에 따르면 그는 이질로 세상을 떠났지만, 그 병을 악화시킨 근본적인 원인은 지속된 과로와 극심한 정신적 스트레스, 그리고 조선 선교라는 사명의 무게였다고 여겨집니다. 게일은 불과 몇 달 사이, 부산에서는 데이비스의 죽음을, 서울에서는 헤론의 죽음을 가까이에서 지켜보았습니다. 두 사람의 죽음은 게일에게 단순한 상실이 아니라, 복음의 길이 얼마나 값비싼 희생 위에 세워지는지를 다시금 일깨워주는 깊은 영적 각성의 순간이었습니다. 복음은 단지 말과 책으로 전해지는 것이 아니라 누군가의 생애가 눈물과 피로 새겨질 때 비로소 진정한 복음이 되는 것입니다. 이러한 고난과 슬픔의 시간을 지나, 게일은 헤론의 죽음 이후 두 딸을 홀로 키우게 된 미망인과 인연을 맺게 됩니다. 그리고 2년 후인 1892년 4월 7일, 그녀와 결혼하면서 새로운 가정을 꾸리게 됩니다.

헤론의 죽음 이후, 게일은 1890년에 내한한 마펫과 함께 1891년 2월 27일부터 5월 20일까지 약 4개월간 만주 지역을 여행하게 됩니다. 이 여정은 단순한 방문이 아닌, 조선 선교의 뿌리를 다시 마주하는 순례와도 같은 시간이었습니다. 그들이 찾은 만주는 스코틀랜드 장로교 선교사 존 로스가 사역하던 곳으로, 조선어 성경 번역이 처음 이루어지고, 최초의 조선인 세례

자들이 탄생한 역사적인 선교의 땅이었습니다. 게일과 마펫은 이곳에서 조선 선교의 첫걸음을 내디뎠던 믿음의 발자취를 따라가며, 복음이 국경을 넘어 어떻게 조선으로 흘러들어왔는지를 직접 눈으로 확인하게 됩니다. 이 여정은 단지 과거를 돌아보는 일이 아니라, 앞으로의 조선 선교를 어떻게 이어갈 것인지에 대한 깊은 묵상과 결단의 시간이기도 했습니다.

만주에서 돌아온 후, 게일은 다시 서울로 향합니다. 서울에서의 삶은 '정동'이라는 외국 선교사들의 울타리가 아닌 서울 중심에서 약간 떨어진 북촌의 '곤당골'이라 불리는 마을에서 지냈습니다. 1891년부터 약 2년 동안, 게일은 이 곤당골에서 조선인의 삶 한가운데 들어가 그들과 함께 살아가며 복음을 전하고, 조선어를 익히고, 문학과 사상을 배우는 시간을 보냅니다. 그는 서양식 생활 방식을 고집하지 않았고, 조선식 기와집에 머물며 조선 음식을 먹고, 조선의 언어로 기도하며 매일을 보냈습니다. 이때 체득한 조선어의 깊이는 이후 그가 감당하게 될 성경 번역과 한국 고전 번역, 문학적 작업의 중요한 기초가 되었습니다.

1891년 8월 31일, 게일은 미국 북장로교 선교부의 정식 선교사로 임명을 받습니다. 그동안 독립적이고 불안정한 위치에서 사역해 온 그에게, 이 임명은 사역의 기반을 든든히 다져주는 신분적 안정을 의미했습니다. 이어 이듬해인 1892년 4월 7일, 그는 의료선교사 헤론의 미망인 헤리엇(허릿)

헤론과 결혼하면서 가정적 안정 또한 이루게 됩니다. 이 두 사건은 게일의 삶을 새로운 국면으로 이끌었고, 그의 선교 여정에 방향성과 지속 가능성을 더해주었습니다.

이 무렵, 미북장로교는 게일의 공식 사역지로 '원산'을 지정합니다. 원산은 당시 개항한 항구도시로, 외부 문물이 들어오는 전초기지였지만, 선교 기반은 아직 미약한 곳이었습니다. 선교부는 게일이 조선어에 능하고 문화 이해력이 깊으며, 독립적으로 사역할 수 있는 인물이라는 점에서, 그를 원산 지역 선교의 적임자로 판단한 것입니다. 가정을 꾸린 게일은 보다 안정적인 삶과 사역을 기대할 수 있었을 것입니다. 그러나 그의 가정은 다시 개척 사명을 감당해야 했습니다. 달라진 것은 이전에는 혼자였으나 이제는 함께 하였다는 것입니다.

그의 삶은 언제나 그러했습니다. 이 땅에 와서 그는 동료 선교사들의 삶을 바라보며 반면교사로 삼았고, 스스로 변방을 향해 나아갔습니다. 해주와 소래를 거쳐, 부산과 원산에 이르기까지—그의 발걸음은 중심이 아닌 변방으로 향했습니다. 서울에 거주할 때에도 그는 정동이 아닌 곤당골로 들어갔습니다. 그에게 '부산'이라는 선택은 단지 장소가 아니라 하나의 메시지였습니다. 그는 조선을 선교하기에 앞서, 먼저 조선인이 되고자 했습니다. 언어를 배우고 문화를 익히는 데 그치지 않고, 현지인의 마음에 다가서

고자 애썼습니다. 이러한 점에서 게일의 선교는 '문명 전파'가 아닌 '토착화 선교'였고, 위에서 아래로가 아니라 아래에서 위로 흐르는 복음의 길을 걸었습니다.[4]

비움의 모델이 된 스크랜턴, 찾아감의 모델이 된 무어, 그리고 예수님의 삶을 본받아 성육신의 모델이 된 게일. 이들의 삶은 오늘날에도 깊은 울림을 남기며, 우리가 간직하고 되새겨야 할 선교의 본이 됩니다.

---

4   게일에 관하여, 허태환, "성육신선교로서 선교사 게일(J. S. Gale) 연구" (장로회신학대학교 대학원 석사
    학위논문, 2016)을 많이 참고하였습니다.

잊혀진 이름들을 위하여

여인들을 향하여

회복

#메리 스크랜턴

잊혀진 이름들을 위하여
여인들을 향하여

회복

성경은 이스라엘의 구원을 단지 영적인 개념이 아니라, 애굽의 종살이라는 구체적인 역사적 상황을 통해 보여줍니다. 하나님의 형상으로 창조된 이스라엘 백성은 어느 순간 자유를 빼앗기고, 400년 동안 노예로 살아가는 민족이 되었습니다. 그러나 하나님께서는 모세를 구원자로 보내시어, 종 된 자들을 다시금 자유의 자리로 회복시키십니다. 구원은 무엇입니까? 구원은 종이었던 이스라엘의 구원이 아닌 종이 된 이스라엘의 구원입니다. 구원은 이러한 의미에서 회복이 됩니다.

"하나님이 자기 형상 곧 하나님의 형상대로 사람을 창조하시되, 남자와 여자를 창조하시고"(창 1:27)

이 말씀은 남자와 여자가 동등한 존재임을 선포합니다. 남자와 여자는 차별이 없습니다. 하나님의 형상으로서의 남자와 여자 사이에는 어떠한 차별이 없습니다. 구원이 회복을 가르치듯이 여성들 또한 회복되어야 합니다. 죄와 문화의 왜곡 속에서 여성은 오랜 시간 억눌리고, 침묵당하고, 소외된 존재가 되어버렸습니다. 그러므로 여성 사역은 새로 만드는 일이 아니라,

잃어버린 하나님의 형상을 '회복'하는 일입니다.

　조선 땅에 복음이 들어올 때, 그 회복의 사명을 온몸으로 살아낸 이가 있었습니다. 바로 메리 스크랜턴입니다. 그녀는 53세의 나이에 조선에 입국하여, 여성을 위한 교육기관(이화학당)과 의료시설(보구여관)을 세웠고, 복음 안에서 여성이 하나님의 일꾼이 될 수 있음을 몸소 보여주었습니다. 그녀의 사역은 단지 여성의 지위를 향상한 것을 넘어, 여성의 사명과 역할을 하나님의 역사 속에 각인시키는 일이었습니다. 그녀는 말없이 갇혀 있던 조선의 수많은 여성들에게 '너도 하나님의 형상이며, 그분의 부르심을 받은 사람이다'라는 회복의 복음을 전했습니다.

메리 스크랜턴(Mary Fletcher Scranton)

　1880년대 초, 미국 감리교 여성해외선교회(Women's Foreign Missionary Society)는 선교지 확대를 모색하던 시기였습니다. 그런 가운데 선교회 기관지인 『Heathen Woman's Friend』(이교도 여성의 친구)는 전 세계 여러 나라에서 활동 중인 선교사들의 보고와 여성들의 처지를 소개하는 기사를 통해 선교의 방향과 필요를 독자들에게 알리

고 있었습니다. 이 시기에 '한국'이라는 아직 복음이 전해지지 않은 미지의 나라에 대한 첫 소식이 잡지에 등장하게 됩니다.

먼저, 1883년 1월호에는 일본에 체류 중이던 미 감리회 소속 매클레이 선교사가 본부에 보낸 편지를 인용한 짤막한 보고였습니다. 이 글은 1882년 임오군란 이후 정치적 불안 속에 놓인 조선의 상황을 간략하게 전달하는 정도였으나, 서방 세계에 거의 알려지지 않았던 조선이라는 나라에 대한 초기의 관심을 불러일으키는 계기가 되었습니다.

그로부터 한 달 후인 1883년 2월호에는 보다 본격적인 조선 여성에 관한 논문이 실렸습니다. 『Heathen Woman's Friend』의 편집자이자 감리교 여성 지도자였던 그레이시 부인은 "한국의 여성(The Woman of Corea)"이라는 제목의 글을 통해 조선 사회의 여성들이 처한 현실을 상세히 조명하였습니다. 이 글은 그리피스의 저서 『Corea the Hermit Nation』(은둔의 나라 조선) 중 한국 여성의 지위와 일상생활에 관한 부분을 요약한 것으로, 당시 조선 여성의 억압적 상황을 서구의 독자들에게 인상 깊게 전달하였습니다.

조선 여성들에게는 이름이 없습니다... 이 한 마디는 매우 충격적이었습니다. 한국 여성들은 어릴 때 붙여주는 별명이 있는데 이름 없이 가족과 친구도 별명만 부르며, 대부분 '아무개 누이', '아무개 딸'로 불릴 뿐이었습니다. 그나마 갖고 있던 별명도 결혼과 동시에 '이름 없는 존재'로 사라지며, 남성 중심의 봉건 질서 속에서 철저히 격리되고 종속된 삶을 살아가고 있다는 사실을 전했습니다. 과중한 가사노동과 남성과 격리된 규방생활, 의사와 상관없는 혼인, 사회로부터의 배제, 과부의 재혼 금지 등은 조선 여성들의 삶이 얼마나 고립되고 소외되었는지를 여실히 보여주는 것입니다. 이 글의 마지막에서 그레이시 부인은 다음과 같은 말을 남깁니다.

"이런 한국 여성들이야말로 우리가 동정하고, 위해서 기도해야 할 대상이 아닐까? 그런데도 아직 그곳엔 개신교 선교사가 한 명도 들어가지 않았다."

이러한 호소에 응답한 이가 생겼습니다. 같은 해 9월 오하이오주의 '라벤나'라는 작은 도시에서 열린 해외여선교회 모임에서 볼드윈 부인이 '적은 금액'(?)을 헌금하며 한국 선교를 촉구하게 됩니다.

"아직 선교사가 한 명도 들어가지 않은 은둔국 한국에 선교의 문이 열리도록 기도합시다"

이 작은 결단은 하나의 도화선이 되었습니다. 같은 해 11월, 보빙사 일행을 통해 조선을 알게 된 가우처 박사는 한국 선교를 위해 무려 2,000달러라는 큰 금액을 헌금하며 그 뜻을 보탰습니다. 그리고 1884년 7월, 매클레이 선교사를 통해 고종 황제로부터 공식적인 선교 윤허를 받아, 조선 땅에서 학교와 병원을 통한 선교 사역을 시작할 수 있는 길이 열리게 되었습니다. 이처럼 한국 선교의 문이 점차 열리는 가운데, 선교회는 누구를 파송할 것인가를 깊이 고민하게 됩니다. 바로 이 시점에서 메리 스크랜턴이 등장합니다. 그녀는 자신의 아들 윌리엄 스크랜턴과 그의 아내에게 조선 선교사로 헌신할 것을 권유하였습니다. 보통은 자녀가 부모를 설득해 선교의 길을 가는 일이 많지만, 스크랜턴 가문에서는 오히려 병원을 운영하던 아들을 어머니가 설득하였습니다. 어머니의 믿음과 용기가 한 가정을 움직였고, 한 가정의 헌신은 곧 한국 여성 선교의 큰 물줄기가 되어 흘러가기 시작했습니다.

메리 스크랜턴

메리 스크랜턴은 감리교 목사의 딸로, 1832년 7월 9일 미국 메사추세츠주 벨처타운에서 태어났습니다. 노리치 여자학원을 졸업한 후, 1853년에 뉴헤이븐의 부유한 제조업자였던 윌리엄 텔컷 스크랜턴과 결혼하여 윌리엄 스크랜턴을 낳았습니다. 그녀는 뉴헤이븐 지역에 "여성이 여성에게 복음을 전하자"라는 취지로 조직된 미국 감리교 여성해외선교회(Women's Foreign Missionary Society)의 지회 회원으로서 활발하게 활동하였습니다. 1872년, 남편과 사별한 후에는 아들 윌리엄 스크랜턴을 따라 여러 지역으로 거처를 옮기며 생활했으며, 그 가운데에서도 여전히 여성선교회의 강연자이자 지도자로서 적극적으로 참여하며 헌신을 이어갔습니다.

아들이 병원을 정리하고 선교사로 떠나겠다고 결심했을 때, 메리 스크랜턴은 단지 아들을 돕는 조력자 역할을 기대하고 있었습니다. 당시 그녀의 나이는 52세로, 감리교 해외선교회가 정한 선교사 파송 기준인 22세에서 30세 사이의 연령 제한을 훨씬 넘기고 있었기 때문입니다. 그러나 감리교는 파격적인 결단을 내렸습니다. 아들 윌리엄 스크랜턴은 의료 선교사일 뿐만 아니라 목사로 안수를 받게 되었고, 어머니 메리 스크랜턴 역시 예외 규정의 적용과 더불어 감리교 여성해외선교회의 전폭적인 지지를 받아 조선에 파송된 최초의 여성 선교사가 되었습니다. 그녀의 파송은 단지 한 가족의 특별한 헌신이 아니라, 조선 여성 선교의 역사를 여는 첫걸음이 되었습니다.

우여곡절 끝에 마침내 조선 땅을 밟은 메리 스크랜턴은 정동에 머무르며, 서대문 성벽 안쪽에 6천여 평의 부지를 감리교 여성해외선교회의 소유로 확보하게 됩니다. 그녀의 사역은 철저히 여성을 위한 사역이었습니다. 곧,

여성들을 위한 교육 사업과 의료 사업에 헌신하기 위한 것이었습니다. 당시 이미 아펜젤러가 설립한 배재학당(남학교)에는 자연스럽게 학생들이 찾아왔지만, 봉건주의 사회에서 여성 교육에 대한 인식의 변화는 결코 쉽지 않았습니다. 그러던 중, 1885년 5월 31일, 한 관리의 소실이었던 김 씨 부인이 영어 공부를 위해 스크랜턴을 찾아오면서, 한국 최초의 여성 교육기관이 조심스레 그 문을 열게 됩니다. 비록 김 씨 부인은 건강 문제로 3개월 만에 학업을 중단하였지만, 그 이후로 학교는 조금씩 자리를 잡아가기 시작했습니다.

조선시대에는 국왕이 학교 이름을 직접 지어 내려주는 '작명 하사'가 교육 기관에 대한 가장 확실한 공인이었습니다. 놀랍게도 메리 스크랜턴의 여학교에는 배재학당보다 앞서, 고종 황제로부터 '이화학당'이라는 이름을 하사 받게 됩니다. 조선 사회에서 '여학교'는 부정적인 시선의 대상이 될 수 있었지만, 왕실로부터의 작명은 학교의 위상을 공적으로 인정받은 사건이었습니다. '이화(梨花)'는 한국 전통에서 우아하고 시적인 여인을 상징하는 표현이었기에, '이화학당'이라는 이름에는 여성 교육에 대한 긍정적 이미지를 심으려는 고종의 뜻도 담겨 있었던 것으로 보입니다. 더욱이 고종은 '기수(騎手)'라는 호위 병사를 학교에 파견하여 학교의 안전을 보호하고 운영을 보장하는 특별한 조치를 취하였습니다. 이는 곧 국가의 공인과 보호를 동시에 상징하는 조치로, 여성 교육의 물꼬를 트는 데 결정적인 역할을 하

였습니다. 메리 스크랜튼은 이화학당 외에도 진명여학교, 상동여자중학교 설립에 기여함으로써, 한국 여성 교육의 기반을 확장하고 다양한 계층의 여성들에게 교육의 기회를 제공하였습니다. 그녀의 이러한 노력은 한국 여성 교육의 발전에 큰 이정표가 되었습니다.

　메리 스크랜튼의 두 번째 사역은 의료 사역이었습니다. 이미 그녀의 아들 윌리엄 스크랜튼을 통해 시병원이 세워졌지만, 가부장적이고 폐쇄적인 조선 사회에서 여성 환자들이 남성 의사에게 진료받는 것은 큰 제약이 따랐습니다. 따라서 여성이 여성을 진료하고 치료할 수 있는 환경이 절실히 필요했습니다. 이에 메리 스크랜튼은 미국 감리교 여성해외선교회에 여성 의사의 파송을 요청하였고, 그 요청에 따라 1887년 10월 20일, 교육 사역을 위한 로드와일러와 의료 사역을 위한 하워드가 조선에 도착하게 됩니다. 이듬해인 1888년 10월, 하워드는 한국 최초의 여성 전문 병원인 '보구여관(普救女館)'을 설립합니다. '보구여관'은 "널리 여성을 구하는 집"이라는 뜻을 가진 이름으로, 이화학당 부지 안에 세워져 여성 교육과 의료가 함께 이루어지는 공간으로 기능하였습니다. 이 병원의 설립은 조선 여성들을 향한 복음과 인도적 돌봄의 통로였고, 더 나아가 여성의 몸과 삶에 대한 새로운 인식과 권리를 열어가는 전환점이 되었습니다.

마지막 세 번째 메리 스크랜턴의 사역은 복음사역이었습니다. 물론, 교육사역과 의료사역이 모두 복음사역과 긴밀하게 연결되어 있었지만 메리 스크랜턴은 보다 적극적으로 복음, 전도사역에 힘쓰게 됩니다. 1890년, 메리 스크랜턴은 로드와일러에게 이화학당을 물려주고, 자신은 전도부인 양성에 힘을 쏟았습니다. 여성 신자들로 구성된 속회를 위한 교리교육용 교재 『크리스도쓰성경문답』(1890)과 『훈아진언』(1891)을 번역하여 출판합니다. 메리 스크랜턴은 이화학당과 보구여관에 이어 여성 신학교를 세워 전문적인 여성들의 사역을 도왔습니다. 뿐만 아니라 1894년 여성으로는 최초로 지방 전도 여행을 하여 600여 명의 여성들에게 복음을 전합니다.

1901년 1월, 메리 스크랜턴은 심각한 병으로 인해 일시 귀국하게 됩니다. 그러나 그녀는 "선교사는 선교지에서 죽어야 한다"라는 굳은 사명의식 아래, 아들 부부와 함께 다시 조선 땅으로 돌아옵니다. 병상에서도 그녀는 파송된 전도부인들을 일일이 지도하고 격려하며, 끝까지 복음의 끈을 놓지 않았습니다. 그녀에게 조선은 단순한 선교지가 아니라, 삶의 이유요, 사명의 자리였습니다. 그리고 마침내 1909년, 서울 상동의 자택에서 그녀는 하나님의 부르심을 따라 평안히 숨을 거두었습니다. 그녀의 생애는 여성을 깨우고, 고통을 보듬고, 복음을 심은 여정이었습니다.

토착 전도인들

구원행전의 릴레이

한 사람 #서상륜

변화 #이덕수

능력 #문준경

변방 #추명순

토착 전도인들
구원행전의 릴레이

한 사람

   예수님의 첫 제자는 세례 요한의 두 제자가 예수님을 만남으로부터 시작합니다. 그 두 사람 중의 한 사람은 안드레이며, 안드레는 자신의 형제 시몬을 예수님께 인도합니다. 비록 한 사람 시몬을 인도하였지만 이 시몬을 통해서 하나님께서는 오순절 성령 강림으로 말미암아 예루살렘과 온 유대에 복음의 문을 여셨습니다. 또한 시몬 베드로가 빌립이 전도한 사마리아에 들어가 기도할 때에 사마리아에 성령이 임하심으로 사마리아에 전도의 문이 열리게 하십니다. 또한 하나님께서는 베드로와 고넬료를 만나게 하심으로 말미암아 이방인 구원의 문을 여셨습니다. 이처럼, 예수님을 만난 한 사람 안드레가 시작이 되어, 한 사람 시몬에게 복음을 전하여 예루살렘과 유대와 사마리아, 이방 세계로 복음이 확장되는 구원의 릴레이가 이어진 것입니다.

   또한 예수님께서 갈릴리로 가실 때에 한 사람 빌립을 만나 이르시기를 '나를 따르라' 하셨고 이번에는 예수님을 만난 빌립이 한 사람 나다나엘을 전도합니다. 그리고 우리는 이 나다나엘을 통해서 어떠한 일이 일어났는지 알지 못합니다. 우리가 아는 이야기는 정말 제한적입니다. 그러나 이 제한적인 이야기를 통해서도 엄청난 구원 행전을 살필 수 있습니다. 그런다면 우리가 알지 못하는 무수한 구원 행전의 이야기가 감추어져 있음을 깨달아야 합니다.

오늘 내게 붙여주신 한 사람, 그 시몬과 같고, 나타나엘과 같은 한 사람을 통해서 이루어질 놀라운 일을 기대합니다. 나의 한 사람은 누구입니까?

#서상륜

서상륜은 1848년 7월 26일, 평안북도 의주에서 태어났습니다. 그러나 불행히도 열세 살 되던 해, 일주일도 채 안 되는 사이에 부모님을 모두 여의고, 동

서상륜

생 서경조와 함께 할머니의 슬하에서 자라야 했습니다. 이러한 어려운 환경 속에서 그는 어린 나이에 생계를 위하여 장사에 나서게 되었습니다. 서상륜은 국경을 넘어 만주로 건너가 홍삼 장사를 하던 중 장티푸스에 걸려 생사의 갈림길에 놓이게 되었습니다. 이때 스코틀랜드 연합장로교회 소속의 매킨타이어 선교사를 만나게 되었고, 매킨타이어는 헌터 의사와 함께 정성껏 서상륜을 간호하고 치료해 주었습니다. '우리 민족도 돌보지 않는 나를 이국의 사람들이 돌보아 주었다'라는 깊은 감동과 감사 속에서, 서상륜은 당시 '야소교'라고 불리던 기독교 신앙을 받아들이게 되었습니다. 이후 그는 매킨타이어보다 먼저 중국 산둥성에 파송된 로스 선교사에게 세례를 받고 신앙의 길에 들어서게 됩니다.

서상륜에 앞서, 의주의 고향 친구 이응찬이 먼저 로스 선교사의 어학 선생이 되었습니다. 이응찬을 비롯해 백홍준, 이성하, 김진기 등도 로스의 언어 사역을 도우며 선교사들의 신뢰를 받았고, 모두 매킨타이어 선교사를 통해 세례를 받았습니다. 서상륜 역시 친구 이응찬의 도움을 받았습니다. 그의 육신으로 나음을 입었을 뿐만 아니라 그의 영으로 새로운 삶을 시작하게 되었습니다. 육으로도 은혜요, 영으로도 은혜였습니다. 그의 이후의 삶은 은혜에 보답하는 인생이었습니다.

로스 선교사는 서상륜의 도움을 받아 우리말로 된 최초의 성경인 『예수셩교 누가복음젼셔』를 출판하게 됩니다. 이 성경 번역에는 앞서 세례를 받은 백홍준, 이응찬, 이성하, 김진기 등 고향 친구들이 함께 참여하였습니다. 이들이 모두 이북 출신이었기에 북한 방언이 많이 반영되었다는 한계는 있었지만, 우리말로 번역된 최초의 성경이라는 점에서 매우 큰 의미를 지닙니다.

한글 성경 번역의 역사를 살펴볼 때, 서상륜의 존재는 단순한 조력자의 범주를 넘어섭니다. 존 로스 선교사가 중국

심양에서 조선어 성경 번역을 시도했지만, 그는 한글을 전혀 알지 못했습니다. 성경 번역을 위해 가장 필요한 것은 원문 이해뿐 아니라, 그것을 조선의 언어와 문맥에 맞게 옮길 수 있는 능력인데, 이 결정적인 역할을 맡은 인물이 바로 서상륜이었습니다. 그는 한글은 물론 한문에도 능통했으며, 선교사의 언어적 한계를 메워주는 살아 있는 다리였습니다.

1904년, 성서공회가 발행한 『위판문리신약전서』는 광서 30년, 갑진년으로 기록되어 있으며, 조선 내 제549차 인쇄본으로 확인된다.

특히 주목할 점은, 한글 성경 번역에 앞서 한문 성경 번역, 곧 문리역 성경이 있었다는 사실입니다. 신천성서 개정판인 문리역 성경(1856년)은 예수성교 누가복음젼서에도 영향을 끼치며 이후 1887년에는 『委辦文理新約全書』(1887, 위판문리신약전서)가 나옵니다. 이 문리역 성경은 문자 그대로의 직역을 넘어서 문장의 이치를 살피는 번역 원칙을 따랐기에, 이후 성경을 조선어로 옮기는 데 결정적인 기준이 되었습니다. 문리역은 본래 한문으로 번역된 성경이지만, 일부 후대 판본에서는 조선 독자들의 이해를 돕기 위해 한글 훈점이 병기되기도 했습니다. 따라서 문리역은 조선의 지식인뿐 아니라 성경을 배우고자 했던 이들에게 복음의 이해를 돕는 징검다리가 되었습니다. 한문 성경이 없었다면, 당시의 언어 환경 속에서 한글 성경번역은 훨씬 더 어려웠을 것입니다. 결과적으로 로스의 지휘 아래 이루어진 한글 성경 번역은, 문리역이라는 언어적 중재자와 서상륜이라는 조선어적 동역자가 있었기에 가능했습니다. 서상륜은 단순히 글자를 옮긴 번역자가 아니라, 복음의 의미를 조선인의 언어와 삶의 감각 속에 풀어낸 선구적인 번역자였습니다. 그가 없었다면, 한글 성경의 등장은 훨씬 더딘 것이 되었을지도 모릅니다.

문익점과 목화씨

우리나라의 고려 때의 일입니다. 겨울은 참으로 추웠습니다. 그러나 백성들은 따뜻한 옷이 없어서 삼베나 명주로 만든 얇은 옷을 입고 겨울을 견뎌야 했습니다. 그 시절, 고려 사람들은 포근하고 따뜻한 '솜옷'이라는 게 있다는 사실조차 알지 못했습니다.

그때 문익점이라는 충직한 관리가 있었습니다. 그는 나라를 위해 원나라(

지금의 중국)에 사신으로 갔다가, 뜻밖에도 3년 동안 억류되고 말았습니다. 억류 생활은 고되고 외로웠지만, 문익점은 그곳에서 신기한 식물 하나를 보게 되었습니다. 흰 솜처럼 생긴 식물이었고, 그것으로 만든 옷은 가볍고도 따뜻했습니다. 그것이 바로 목화였습니다.

무슨 생각을 했을까요?

'이 씨앗만 고려에 가져가면 우리 백성들도 따뜻한 겨울을 보낼 수 있을 텐데…'

문익점은 목화씨를 꼭 가지고 돌아가야겠다고 결심했습니다. 하지만 당시에는 외국의 씨앗을 마음대로 반출할 수 없었기에, 그는 몰래 목화씨를 붓통 안에 숨겨 고려로 돌아오게 됩니다. 그 작은 붓통 속에는 한 나라의 미래를 바꿀 씨앗이 담겨 있었던 것입니다. 고려에 돌아온 문익점은 진주 지역의 따뜻한 땅에 목화를 심고, 정성껏 기르기 시작했습니다. 몇 번의 실패 끝에 마침내 목화 재배에 성공했고, 아들 문사수와 사위 정천익도 함께 힘을 모아 면직물 만드는 법을 전국에 퍼뜨렸습니다. 그 결과, 고려의 백성들은 따뜻한 솜옷을 입을 수 있게 되었고, 옷을 수입하지 않고 스스로 만들 수 있는 나라가 되었습니다.

우리가 잘 아는 문익점과 목화씨 이야기입니다.

이제 우리들이 알아야 할 또 다른 이야기인데, 그것은 어떻게 성경이 이 땅에 들어오게 되었는가 하는 것입니다.

한문 성경을 우리말로 번역한 것 자체도 놀라운 일이었지만, 또 하나의 과업이 남아 있었습니다. 바로 그 성경을 조선 땅에 들여오는 일이었습니다. 이 중대한 사명을 감당한 이들이 바로 서상륜과 백홍준이었습니다. 당시 조선에서 성경은 서양의 종교 경전으로 간주되어 금지된 물품이었고, 복음 전파 역시 엄격히 금지된 행위였습니다. 그런 상황에서 서상륜은 1882년 10월 6일, 로스 선교사로부터 '권서'의 직임을 받고 본격적인 사역에 나섭니다. 그는 무슨 담대한 믿음이었는지, 우리말로 번역된 누가복음과 요한복음, 그리고 한문 성경 등 100여 권을 은밀히 숨기지 않고 당당하게 품에 안고 조선 국경을 넘으려 하였습니다. 그러나 끝내 적발되어 의주의 감옥에 갇힐 위기에 처했습니다. 당시의 국법으로는 야소교 경전인 성경은 금서였기에, 그의 행동은 사형에 해당하는 중죄로 다스려질 수도 있었습니다. 하지만 놀랍게도 검사관은 그에게 너그러이 관용을 베풀어 풀어주었습니다. 이때의 일화입니다.

압록강을 건너 조선 땅의 책문(柵門, 혹은 고려문, 중국과의 공식 국경 통로이자 울타리로 된 국문)에 도착했을 때였습니다. 조심스럽게 국경을 통과하려던 서상륜은 곧 관리의 심문을 받게 되었습니다.

"이름은 무엇입니까?"
"서상륜입니다."

"사는 곳은 어디입니까?"
"의주입니다."

"짐 속에 밀수품은 없습니까?"
"없습니다."

간단히 끝날 줄 알았던 검문은, 이어진 한 마디 명령으로 분위기가 바뀌었습니다.

"짐을 풀라!"

짐을 뒤지던 순검(巡檢, 조선 말기 치안 담당자)은 두 손 가득 책을 들고 외쳤습니다.

"양인(洋人) 야소교 책입니다!"

검사관은 책들을 따로 모아 포장하라 명령한 뒤, 서상륜에게 물었습니다.

"서 씨, 당신은 밀수품이 없다고 했는데, 이건 어찌 된 일이오?"

서상륜은 조용히 대답했습니다.

"이 책들은 사람들에게 올바른 삶을 가르치는 책들입니다. 저는 결코 밀수품이라 생각하지 않았습니다."

잠시 침묵이 흐른 뒤, 검사관은 말투를 누그러뜨리며 말했습니다.

"좋소. 이번만은 처음이라 모르고 한 것으로 여기겠소. 용서하겠소. 하지만 책은 압수요. 다시는 이런 일이 없어야 하오. 그리고 당신의 행적을 살펴야 하겠으니, 의주의 주소를 대시오."

서상륜은 주소를 말했고, 그는 무사히 풀려났습니다. 함께하던 동행자들은 놀라움을 감추지 못했습니다.

"살아 돌아온 것만으로도 기적입니다."

그들은 그가 적어도 태장쯤은 피하지 못할 것이라 생각했기 때문입니다. 서상륜은 이후 의주에 머물며 조용히 상황을 살폈습니다.

며칠 후, 낯익은 목소리와 함께 그의 숙소 문이 두드려졌습니다.

"들어오시지요."

문을 열자 놀라운 광경이 펼쳐졌습니다. 그 사람은 다름 아닌 며칠 전 책문에서 그를 심문했던 검사관이었습니다. 그러나 이번에는 관리의 관복이 아닌, 평범한 민간인의 옷차림이었습니다. 그는 정중히 인사를 건넸습니다.

"서 씨, 만나 뵙게 되어 반갑습니다. 지난번 일로 마음 상하지 않으셨기를 바랍니다. 저는 단지 공무를 수행했을 뿐입니다. 그런데… 당신이 가지고 있던 책들, 정말 좋은 책들이었습니다."

그러더니 그는 조심스럽게 자신의 옷 속에서 무언가를 꺼내기 시작했습니다. 헐렁한 바지 깊숙한 곳, 넉넉한 소매 안쪽에서, 한 권 두 권 책들이 나왔습니다. 탁자 위에 조용히 내려놓으며 그는 말했습니다.

"이 책들, 사람들에게 나누어주십시오."

그는 압수한 책들 중 일부를 몰래 숨겨 두었다가, 이렇게 서상륜에게 되돌려준 것이었습니다. 법을 집행하던 그는, 진실을 담은 책 앞에서는 한 명의 독자요, 동지가 되어 있었습니다. 그날 이후, 서상륜은 다시 성경을 품고 길을 떠났습니다. 그의 복음 여정은 책문에서 막히지 않았습니다. 오히려 한 관리의 양심을 넘어 조선 땅 깊숙이 스며들기 시작했습니다.

이 값진 일화는 훗날 서상륜의 진술을 바탕으로 켄뮤어가 남긴 기록을 통해 오늘날까지 전해지고 있습니다.[1]

전해지는 이야기 가운데 서상륜에 이어, 백홍준은 번역된 성경의 한 장한 장을 찢어 각 장의 종이로 새끼를 꼬아 다른 책을 묶는 데 사용했습니다. 성경 말씀이 새끼줄이 되어, 세상의 책을 묶는 형식으로 조선 땅에 들어온 것입니다. 국경을 무사히 통과한 후에는 그 찢어진 성경 장들을 다시 펼쳐 제본하고, 필사함으로써 마침내 성경이 조선 땅에 보급되기 시작했습니다.

한국 선교가 본격적으로 이루어지기 전에 이처럼 한국어 성경이 번역되었고, 번역된 한국어 성경이 선교사들보다 먼저 이 땅에 들어오게 되었다

---

1   A. Kenmure, Customs and Colportage in Korea. 서정민, 『교회와 민족을 사랑한 사람들』, (기독교
    문사, 1990), 23쪽.

는 것은 너무나 놀라운 하나님의 섭리입니다. 선교사가 들어오기 전에 성경이 먼저 번역되어 들어오고, 이제 선교사들보다 먼저 교회가 세워집니다.

때때로 우리의 기도의 응답이 늦어질 때에 하나님의 역사는 참으로 더디다고 생각할 때가 있습니다. 그러나 하나님의 일하심이 나타날 때에 우리는 결코 하나님의 일하심을 앞설 수 없습니다. 마라에서 낙심할 때에 이미 엘림은 준비되어 있는 것입니다. 바울은 로마에 가고자 하였으나 이미 그곳에는 교회가 세워져 있었습니다. 이는 하나님의 일하심입니다. 선교는 하나님의 열심입니다.

서상륜이 만주로 떠날 때에는 그의 육신의 일이었습니다. 그러나 다시 조국으로 돌아올 때에는 영의 일이 되었습니다. 멀고 낯선 이국 땅에서 복음을 품고 은둔국인 조선 땅으로 들어온 수많은 서양 선교사들처럼, 서상륜 또한 복음을 먼저 접한 한 사람이자, 조선 땅을 위한 '국내 최초의 선교사'로서 돌아온 것이었습니다. 그는 이미 대영성서공회가 임명한 정식 매서인이었습니다.

우리나라 최초의 교회는 황해도 솔내에 세워진 솔내교회입니다. 놀라운 것은, 이 교회가 아직 서양 선교사들이 조선에 들어오기 전에, 자생적으로 세워졌다는 사실입니다. 이는 한국 교회 역사에서 매우 특별하고도 상징적인 사건입니다. 사실, 한국교회 역사에는 선교사나 목회자가 도착하기 전부터 성도들의 공동체가 먼저 세워진 사례가 여러 차례 등장합니다. 이기풍 선교사가 제주에 도착하기 전에도 이미 김재원의 이호리 공동체와 조봉호의 금성리 공동체가 존재했습니다. 마찬가지로, 공식적으로 개신교 선교가 시작된 해로 알려진 1885년, 언더우드와 아펜젤러가 제물포항에 도착하기보다 2년 앞선 1883년, 서상륜은 황해도 솔내에서 스스로 복음의 씨앗을 뿌렸고, 그곳에 조선 최초의 자생 교회인 솔내교회를 세운 것입니다. 이처럼 서상륜이 첫 번째 자생적인 교회인 소래교회를 의주가 아닌 소래에 세운 것은 의주에서 박해를 받고 쫓겨나 당숙이 사는 소래로 거처를 옮겼기 때문입니다.

황해도 장연군 대구면 송천리의 '송천리'의 우리말은 '솔샘'입니다. 마을에는 소나무가 많고 울창하였고, 이곳에서 흐르는 물이 황해로 흘러들어가 '솔샘'이라 부르던 것이 '솔내'를 거쳐 선교사들이 잘못 부르면서 '소래'가 되었습니다.

소래교회(송천교회)는 1883년 5월 16일에 서상륜, 서경조 형제에 의해 세워진 초가집 예배당입니다. 처음에는 예배당도 없이 10여 명이 서경조의 초가집에서 예배를 드리다가 1895년 7월에 8칸 기와집을 건축하였습니다. 일 년 뒤에 교인의 수가 더 늘어나자 8칸을 더 증축하여 16칸 기와집을 1896년 6월에 헌당하였습니다.

소래교회, McCully, 『A Corn of Wheat』, 216.

소래교회, 총신대 양지 캠퍼스에 있는 재건된 소래교회

서상륜, 서경조 형제는 열심히 전도하여 마을 전체의 58세대 중에 50세대가 교회에 나왔습니다. 성지순례를 가면 신전이 예배당이 되는 경우를 많이 보게 되는데 이처럼 소래교회가 새롭게 세워진 자리 또한 수백 년 동안 마을 주민들이 제사를 지내던 서낭당 터가 교회 자리가 되었습니다. 이는 대대로 우상숭배를 하던 민족이 이제는 하나님을 섬기는 민족으로 바뀌었음을 상징하는 것입니다.

소래교회는 자생적인 교회일 뿐만 아니라 자립에 의해서 건축되었습니다. 소래교회를 새롭게 건축할 때에 언더우드 선교사가 도움을 주고자 했지만 정중히 거절하고 교인들 스스로의 힘으로 자력으로 헌신하여 헌당하였습니다. 여기에 기여한 분이 바로 앞서 전한 맥켄지였습니다.

1885년 내한한 언더우드는 2년간 교육사업과 한국어 공부에 매진하였습니다. 그가 본격적으로 교회를 세운 일은 1887년부터인데, 이때에 용기를 준 것이 바로 소래교회였습니다. 언더우드는 서상륜을 만나 이미 준비된 영혼으로 많은 세례 희망자가 있다는 사실을 알게 되었습니다. 이미 수십 명의 많은 결신자를 얻어 예배를 드리던 서상륜은 로스의 방한을 촉구하였으나 로스의 방한이 이루어지지 않고 있을 때에 로스 선교사의 소개장을 가지고 언더우드를 방문한 것입니다.[2] 서상륜은 언더우드에게 직접 와서 세

---

2 언더우드, 이만열, 옥성득 편역 『언더우드 자료집』, 제1권, 54쪽.

례를 베풀어 달라고 하였지만 아직 선교사의 여행이 제한된 탓에 서상륜은 1887년 1월에 소래교회 교인 서경조, 최명오, 정공빈을 데리고 직접 서울로 와서 세례를 받게 하였고 이후 소래교회 성도들은 여러 차례 찾아와 언더우드에게 세례를 받았습니다. 1887년 9월 27일에 언더우드로부터 세례를 받은 14명의 교인과 함께 장로교 최초의 조직 교회인 새문안 교회를 세우는데 그 주축은 바로 소래 교회 출신들이었습니다. 14명 중에 13명은 바로 서상륜이 전도한 사람들이었습니다.

서상륜은 서울에서 제중원의 전도사로서 활약했으며, 새문안교회뿐만 아니라 연동교회와 승동교회의 설립에도 깊이 관여하였습니다. 서상륜의 흔적은 소래에만 있는 것이 아니라 새문안과 연동, 승동을 거쳐 이제는 부산으로 향하게 됩니다. 1892년 5월에 부산으로 와 윌리엄 베어드와 함께 전도여행에 동참하게 됩니다. 김해, 창원, 마산, 진해를 거쳐 고성과 통영까지 답사하였습니다. 건강상의 이유로 한 달밖에 되지 않았지만 이러한 공식적인 전도활동을 기억하여야 할 것입니다.

그의 업적에 대해서 너무나도 아는 것이 없음이 이상하고 안타까우며 못내 죄송합니다. 우리는 누군가의 열정과 헌신 속에서 그 복음을 지금까지 지키고 있는 것입니다. 서상륜은 온 평생 오직 복음을 위해 쓰다가 1926년 12월 16일에 하나님의 부르심을 받았습니다.

변화

복음은 변화의 능력을 가지고 있습니다. 마지막 날, 부활의 능력은 우리의 육체를 새롭게 변화시킬 것입니다. 그날은 변화의 절정이 될 것입니다. 그러나 복음의 능력은 그날만을 위한 것이 아닙니다. 복음은 지금 여기, 우리의 일상 속에서도 변화를 통해 그 능력을 나타냅니다.

사도 바울의 삶이 대표적인 예입니다. 다메섹 도상 이전의 사울과 그 이후의 사울은 전혀 다른 사람이었습니다. 이름이 바뀐 것은 제1차 전도여행 중이었으므로 이름은 여전히 같았지만, 그의 존재는 완전히 새로워졌습니다. 그 이유는 단 하나—복음이 그를 새롭게 했기 때문입니다. 사람들은 바울의 변화에 놀라워하지만, 정작 놀라야 할 것은 그 변화를 일으킨 복음의 능력입니다.

성경은 이 변화의 과정을 다양하게 표현합니다. "새로운 피조물", "거듭남", "중생"—모두 본질적으로 같은 의미를 담고 있습니다. 한 번은 육으로, 다시 한 번은 성령으로 태어나는 것입니다. 즉, 복음은 사람을 육적인 존재에서 영적인 존재로 변화시키는 능력을 가졌습니다. 이전에는 육신을 따랐다면, 이제는 성령을 따르는 삶을 살아가게 되는 것입니다.

변화는 인간의 능력으로 이루어지는 일이 아닙니다. 단순한 결단이나 의

지로 되는 것도 아닙니다. 만일 누군가 자신의 노력으로 변화되었다고 생각한다면, 그는 아직 참된 변화가 무엇인지를 알지 못하는 것입니다. 진정한 변화는 내가 변화시키는 것이 아니라 하나님께서 나를 변화시키시는 것입니다. 우리는 변화하는 것이 아니라 변화되어 가는 존재입니다. 변화를 '만드는' 것이 아니라 변화를 '받는' 것입니다. 이것이 바로 복음 안에서 하나님께서 우리 안에 이루시는 일입니다.

#이덕수

리드 선교사

춘천 지역의 선교는 미국 남감리회의 주도 아래 이루어졌습니다. 1890년, 남감리회는 중국 선교 40주년을 맞아 선교지 확대에 대한 관심을 본격적으로 갖기 시작합니다. 이에 따라 1894년 2월, 리드 선교사는 중국 북부 지역의 선교 가능성을 탐색하기 위해 현지를 답사하게 됩니다. 그러나 그는 이미 다른 교파의 선교부들이 활발히 활동하고 있는 상황을 보고, 그 지역에 군이 새롭게 들어갈 필요성을 느끼지 못했습니다.

바로 이 시점에 조선에서 윤치호가 보낸 선교 요청 서한이 중국 선교부와 미국 본부에 도착합니다. 이 서한은 조선 땅에 대한 복음의 문이 열리고 있

윤치호

음을 알리는 것이었습니다. 남감리회는 이를 계기로 조선 선교를 진지하게 검토하였고, 마침내 언더우드와 아펜젤러가 이미 들어온 1895년 10월, 헨드릭스 감독과 리드 선교사를 조선에 파견하게 됩니다. 결국, 남감리회의 조선 선교는 중국 선교의 확장을 모색하던 흐름 속에서, 윤치호의 선교 요청이라는 결정적인 계기를 통해 시작된 것이었습니다.

헨드릭스 감독은 알렌의 주선으로 고종 황제를 알현하게 되었고, 이 자리에서 고종으로부터 조선에 교사를 파견해 달라는 요청을 받습니다. 이를 계기로 그는 조선 선교에 적극적인 의지를 갖게 되었으며, 서울에 3천 달러를 지불하고 스크랜턴의 협조를 통해 남송현에 선교부 부지를 확보하게 됩니다.

또한, 한국 교회가 자립할 때까지는 행정적으로 한국 선교회를 중국 선교회의 연희·상해 지방회 산하에 두어, 리드 선교사가 이를 관리하도록 체계를 마련하였습니다. 1896년 5월 28일, 리드 선교사는 두 번째 조선 방문에서 서울 안에 낡은 한옥 한 채를 구입하여 수리한 후, 일시적으로 상해로 돌아가 가족을 데리고 다시 조선으로 들어옵니다. 그해 8월 14일, 본격적인 한국 생활을 시작한 그는 1897년 5월 2일, 한국 최초의 남감리회 교회인 '고양읍교회'를 설립하게 됩니다. 이어 열린 제1회 조선 남감리회 선교회에서는 '춘천'을 공식적인 선교 대상으로 결정하였고, 리드 선교사를 초대 관리자로 임명하면서 본격적인 춘천 선교의 문을 열게 됩니다.

리드 선교사는 콜리어 선교사와 함께 경기 북부 지역으로 전도 여행을 떠나게 됩니다. 그러나 이보다 앞서 이미 한국인 전도인 김흥순과 김주현의 활발한 복음 전도가 이루어지고 있었습니다. 이들의 사역을 통해 교양읍교회(고양읍교회)에서는 윤승근과 백사겸 같은 새로운 전도자들이 세워졌습니다. 전도자들은 또 다른 전도자들을 세우고 이러한 전도자들을 통해서 교회가 설립되었습니다. 이러한 자생적인 전도 활동에 힘입어 고양읍교회를 중심으로 파주, 문산, 개성, 고랑포, 용머리, 마천, 적성, 연천 등지에 교회가 설립되었으며, 선교의 영역은 점차 강원도 지역으로까지 확장되어 갔습니다.

리드 선교사는 이듬해인 1898년, 1년 전 복음이 전해졌던 지역들을 돌아보며 새로운 선교지를 향해 나아갑니다. 그는 강원도 김화까지 발걸음을 옮겨, 고양읍교회의 윤승근이 전도한 어른 세 명과 아이 한 명에게 세례를 베풉니다. 이로써 강원도 최초의 교회라 할 수 있는 김화 새술막(학사리)교회가 설립되었습니다. 이처럼 남감리회의 선교는 서울에서 시작하여 경기 북부를 거쳐 강원도에까지 이르게 됩니다. 당시 고종의 선교 윤허에 따라 교육선교와 의료선교는 가능했지만, 외국인에 의한 직접적인 복음 전도는 여전히 제약을 받았습니다. 따라서 선교의 중심은 토착 한국인 전도자들을 통해 이루어졌습니다. 윤승근의 전도로 김화 지역에 복음이 전해졌고, 매서인 나봉식과 정동렬은 춘천에 들어가 전도 활동을 펼쳤습니다. 그 결과, 1900년 4월 선교사 무스가 퇴송골과 산두영이라는 마을에 '속회'를 조직하며 춘천 최초의 신앙 공동체가 형성됩니다. 그러나 이후 춘천 선교는 한동안 정체 상태를 겪게 됩니다. 바로 이 시점에 새로운 전환점을 가져다준 인물이 등장하는데, 그가 바로 이덕수입니다.

서울 구역 담당자인 무스 선교사는 이덕수에게 춘천 선교를 권하였고 마침내 1904년 무스는 이덕수와 함께 춘천 선교를 향하여 떠났습니다. 선교사는 자전거를 타고 이덕수는 지게에 전도 책자를 싣고 전도하였습니다. 이전의 춘천 선교는 춘천 변두리에서 행하여졌으면 더 이상의 진전이 없었으나 이덕수의 등장으로 춘천중앙에 선교가 이루어져 큰 부흥을 이루게 됩니다.

이덕수는 본래 1899년, 남감리회의 매서인들이 고양읍과 경기 북부 지역을 중심으로 전도하던 시기에 고랑포에서 '불량배'로 알려진 인물이었습니다. 그러나 그런 그에게도 복음은 닿았습니다. 전도자들의 손에 쥐어진 쪽

이덕수

복음을 우연히 접하게 되었고, 이를 읽는 가운데 그의 심령에 변화가 일어났습니다. 이덕수는 과거의 삶을 청산하고 먼저 가족을 전도하였습니다. 그는 생계를 위해 지게에 말린 생선과 새우젓을 짊어지고 다니며 장사를 시작했고, 장사가 잘되자 이번에는 작은 가방에 전도지와 쪽복음과 찬송가를 함께 담아 다니며 복음을 전하기 시작했습니다. 그의 전도는 과거의 방황하던 고랑포를 넘어, 경기도 전역에까지 퍼져 나가게 되었습니다.

서울 지역을 담당하던 무스 선교사는 이덕수의 열정을 주목하고, 그에게 춘천 선교를 권유합니다. 마침내 1904년, 무스 선교사와 이덕수는 함께 춘천 선교를 향해 길을 나섭니다. 무스는 자전거를 타고, 이덕수는 지게에 전도 책자를 싣고 복음 전도에 나섰습니다. 이에 이덕수는 '지게 전도자'라는 별명을 가지게 됩니다. 또한 선교사들은 그를 '조선의 바울'이라고 불렀습니다. 이전까지의 춘천 선교는 춘천 변두리에서 행하여졌으며 더 이상의 진전이 없었으나 이덕수의 등장으로 결정적인 전환점이 됩니다. 그는 춘천 중심지에서 본격적인 선교를 시작하였고, 이를 통해 춘천 지역에 큰 부흥이 일어나게 되었습니다.

이덕수와 더불어 1902년에는 순회 전도사 김기순도 춘천 선교에 이바지합니다. 이덕수는 1902년 춘천시 봉의동에 초가 다섯 칸을 매입하여 사랑채 두 칸을 예배당으로 사용했으며 1907년 9월 선교회는 춘천을 강원도 선교의 거점으로 결정합니다. 아동리와 대판리 일대 봉의산 동남부 산기슭과 언덕 일대 3만 5천여 평이 확보되어 병원 건물이 완성되고 1908년 9월 30일 무스 가족은 춘천으로 이사 오고 춘천 선교부가 정식으로 개설됩니다.

춘천의 첫 번째 교회인 춘천중앙감리교회 성도들은 아동리 언덕에 있는 이덕수의 초가집(4칸 건물)에서 예배를 드렸는데 춘천 선교부 개설 이후 1908년 8칸으로, 1909년 다시 네 칸을 늘여 12칸의 예배당을 마련하게 되었습니다. 1909년 9월 3일 남감리회 선교연회는 이덕수에게 '본처 전도사' 직책을 줌으로 춘천중앙감리교회의 첫 번째 한국인 목회자가 됩니다.

그러나 이덕수 본처 전도사는 1910년 4월 무스 선교사가 지방 순회를 나간 사이에 아동리 사택에서 결핵에 감염되어 숨을 거두었습니다. 그의 나이 42세였습니다. 40년을 살았지만 그의 삶의 의미는 변화된 마지막 10년에 있었습니다. 이전의 삶은 육의 삶이었지만 이후의 삶은 영의 삶이었습니다. 그의 무덤 묘비에는 그의 마지막 유언이 기록되었습니다.[3]

"여호와는 나의 목자시니 내게 부족함이 없으리로다"(시 23:1)

---

3 이덕수에 관하여, 김상복, "춘천지역 개신교 전래에 대한 연구(1898-1945)"(서울장신대학교 일반대학원 대학원 석사학위논문, 2012)을 많이 참고하였습니다.

| 메시지 순례

능력

우리는 사마리아 여인에 대해 많은 것을 알지는 못합니다. 그러나 한 가지는 분명합니다. 그녀는 스스로 소외된, 무가치하다고 여겨졌던 여인이었습니다. 단지 사마리아인이었기 때문만이 아니라, 사마리아 사람들 사이에서도 외면받던 존재였습니다. 복잡하고 부끄러운 가정사를 지닌 그녀는 다섯 번 결혼했으며, 지금 함께 사는 남자도 남편이 아니었습니다. 너무도 뒤얽힌 삶─물어보는 것조차 조심스러운 인생이었습니다.

그런데 놀라운 변화가 일어납니다. 복음의 능력이 이 여인에게 임한 것입니다. 삶의 의미를 물동이에 담고 살아가던 여인은 그 물동이를 버렸습니다. 사람들의 시선을 피해 숨어 살던 여인은 이제 사람들 속으로 달려갑니다. 아무것도 할 수 없던 여인이, 이제는 마을을 흔드는 복음의 전달자가 됩니다. 그녀를 통해 온 마을이 예수님을 만나게 되었습니다. 복음은 그렇게 무가치한 사람을 통해 하나님의 능력을 나타냅니다.

능력은 우리 안에 있는 것이 아닙니다. 능력은 복음 안에, 성령 안에 있습니다. 하나님께서는 복음으로 부르신 자들에게, 그 부르심을 감당할 수 있는 능력을 주십니다.

"오직 성령이 너희에게 임하시면 너희가 권능을 받고 예루살렘과 온 유대와 사마리아와 땅끝까지 이르러 내 증인이 되리라" (사도행전 1:8)

사마리아 여인처럼, 문준경 전도사 역시 세상에서 소외되고 낮은 자리에 있었지만, 복음의 능력이 임하자 그녀의 삶은 전혀 다른 방향으로 펼쳐지게 되었습니다.

#문준경

문준경

문준경 전도사는 1891년 2월 2일, 전라남도 신안군 암태면 수곡리에서 태어났습니다. 아버지 문재경의 3남 4녀 중 셋째 딸로 태어난 그녀의 삶은, 시작부터 조선 말기 농촌 여성으로서의 한계 안에 놓여 있었습니다. 당시 조선 사회에서 여성은 태어날 때부터 교육과 기회의 문밖에 서야 했습니다. 딸은 '남의 집 식구'로 여겨지며 자랐습니다. 문준경 역시 교육을 받을 수 있는 기회를 갖지 못한 채, 남편의 얼굴도 알지 못하고 일찍이 가사와 시집살이를 준비하는 삶의 구조 속에 놓였습니다. 조선 후기사회의 여성에게 결혼은 삶의 전환이 아닌 가문의 의무와 부모의 결정에 따른 통과의례였습니다.

1908년 3월, 문준경은 불과 17세의 나이에 결혼했지만, 자녀를 낳지 못했다는 이유로 남편의 사랑과 존중을 받지 못했습니다. 이처럼 여성의 가치는 출산 능력에 따라 결정되었고, 이는 곧 한 사람의 존엄과 생의 의미를 박탈당하는 구조적 아픔을 낳았습니다. 어린 시절부터 교육의 기회도, 인간다운 대우도 보장되지 않았던 삶. 그 속에서 문준경은 한 인간으로서 깊은 상처와 외로움, 그리고 사회 구조의 억압 속에서 "말할 수 없는 눈물"을 품고 자라야 했습니다.

　　남편이 새집살이를 함으로 문준경은 20년 가까이 시부모만을 모시며 홀로 살아가는 생과부 같은 세월을 보내야 했습니다. 이러한 며느리에 대한 미안함과 애틋함을 가진 시아버지는 문준경에게 처음으로 글을 가르쳐주셨습니다. 그토록 배우고 싶었던 열망이 뜻하지 않게 시부모님을 통해서 이루어진 것입니다. 그녀는 집안일을 마치고 늦은 밤이나 새벽녘 틈틈이, 마루 끝에서, 부엌 구석에서, 촛불 아래에서, 한 글자 한 글자를 익혔습니다. 그리고 나이 25세에 처음으로 글을 터득하게 되었습니다. 후일 그녀가 목포 북교동성결교회에서 성경을 읽고 복음을 깨닫게 된 것은, 바로 이 시절 시아버지의 글 가르침이 씨앗이 되어 있었기 때문입니다.

　　문준경의 삶을 바꾼 결정적인 계기는, 어느 날 목포에 있는 북교동성결교회의 어느 한 여성도의 전도로 시작됩니다. 외롭고 메마른 삶에 찾아온 하나님의 사랑과 복음은 그녀에게 더욱더 깊고 간절하게 다가왔습니다. 유교 사회에서 아이를 낳지 못하고 남편의 사랑을 받지 못하는 삶은 불행한 여인의 삶이었지만 복음 안에서 새로워진 그녀의 삶에 아이를 낳지 못했다는 이유로, 남편의 사랑을 받지 못했다는 이유로 더 이상 가치 없는 존재가 아니었습니다. 자신의 인생이 하나님 앞에서는 사랑받고, 구속받은 존귀한 생명임을 비로소 알게 되었습니다. 믿음을 가진 이후의 삶은 누구보다도 뜨겁고 간절했습니다. 그녀에게는 새로운 삶의 시작이었고, 축복이었습니다.

문준경은 그가 가졌던 교육과 배움의 갈망처럼 이번에는 복음에 대한 갈망을 가졌습니다. 그녀는 배워야겠다는 결심을 품고 경성성서학원의 문을 두드렸습니다. 그러나 현실은 녹록지 않았습니다. 신학 교육의 길은 여성에게 쉽게 열려 있지 않았고, 그녀에게는 여전히 법적으로는 결혼한 여인이라는 사회적 장벽이 남아 있었다. 문준경은 경성성서학원에 입학하고자 했지만, '가정이 있는 여성'이라는 이유로 정식 입학이 거절되었습니다. 남편과는 이미 오랜 세월 별거 중이었지만, 남편은 이혼을 원치 않았습니다. 신학을 향한 갈망이 막히는 듯했지만, 그녀는 포기하지 않았습니다. 청강생으로라도 수업을 듣겠다는 결단으로 학원의 문을 두드렸고, 그녀의 진심은 사람들의 마음을 움직이기 시작했습니다. 특히 이 과정을 옆에서 지켜본 이성봉 목사는 그녀의 열정과 사명을 알아보고 도움을 주었고, 마침내 문준경은 1931년, 경성성서학원에 정식 입학할 수 있게 되었습니다. 그녀는 1931년부터 1936년까지 체계적인 성경 교육과 신학 수업을 받았습니다. 그 시간은 그녀가 전도사로서 신안군의 수많은 섬들을 복음으로 밝히는 사역의 기초가 되는 시간이었다. 공부는 그녀에게 직분을 위한 준비가 아니라, 말씀을 생명으로 삼는 훈련이었다.

경성성서학원은 그 당시 6년제 학교였습니다. 무려 6년 동안이나 학교를 다녀야 했는데 3개월은 공부를 하고 나머지 9개월은 단독으로 교회를 개척하도록 하였습니다. 경성성서학원에 입학한 문준경은 학교 재학기간 동안 3개의 교회와 3개의 기도처를 세웁니다. 그녀가 선택한 첫 번째 사역지는 고향 신안군의 임자도, 바로 남편이 새집살이를 하고 있는 곳이었습니다. 그곳은 그녀의 개인적 상처가 머물고 있는 장소였습니다. 문준경은 상처를 피해 다니지 않았습니다. 그녀는 복음의 빛이 가장 어두운 곳에 먼저 비추어야 한다는 믿음으로, 임자도를 자신의 첫 전도지로 삼은 것입니다. 그곳에서 문준경은 임자진리교회를 세웠습니다. 이것은 단순한 개척이 아니었습니다. 그녀가 복음 안에서 자신의 과거와 삶, 상처와 원망을 새롭게 해석하고, 용서로 응답하는 선포의 시작이었습니다. 복음 사역의 시작을 고통의 장소를 사명의 땅으로 바꾸는 일로 행하였습니다.

이 사역에 있어 문준경 전도사가 혼자였던 것은 아니었습니다. 그녀를 도와 함께 교회를 세운 이들이 있었는데, 바로 이판일씨와 그의 동생 이판성 형제였습니다. 이들은 문준경 전도사와 함께 전도하며 지역 주민들을 섬겼고, 교회 조직과 운영을 실제로 함께 감당했습니다. 문준경 전도사가 학기 중 3개월간 경성에 올라가 수업을 들을 때면, 이판일 형제는 교회를 돌보며 예배와 사역을 지속적으로 이끌었습니다.

문준경의 두 번째 사역지는 증도 중동리였습니다. 증도는 문준경의 남편 집안이 속한 지역이며, 이후 그녀가 순교하게 되는 사명의 종착지이기도 합니다. 임자도와 마찬가지로, 증도 역시 복음이 뿌리내리기 어려운 섬 지역이었지만, 문준경은 이곳에서 담대히 복음을 전하며 중동리교회를 개척하였습니다. 중동리의 사역에서는 시숙인 정범용의 도움이 컸습니다.

마지막으로 문준경 전도사는 1935년 경성성서학원 마지막 실습 기간 동안 대초리에 세 번째 교회를 개척하였습니다. 대초리는 신안군 지도읍의 작은 어촌 마을로, 복음이 가장 늦게 들어갈 만큼 폐쇄적이고 미신과 우상숭배가 깊이 뿌리내린 곳이었습니다. 마을 사람들은 외지인이나 종교를 극도로 경계했으며, 교회를 세우려는 시도 자체를 거부했습니다. 마을에는 다행히 친언니가 살고 있었고, 그녀의 집에서 숙식을 해결하며 머물 수 있었습니다. 이렇게 시작된 대초리교회는, 처음의 완강한 반대와 차가운 분위기 속에서도 복음의 씨앗이 깊이 심기며 자라난 마을 교회가 되었습니다.

문준경 전도사 순교기념관

　문준경 전도사의 사역은 단지 교회를 세우는 것에서 멈추지 않았습니다. 그녀는 교회에서 멀리 떨어져 있는 성도들을 위해 곳곳에 기도처를 마련하였습니다. 그 대표적인 곳이 바로 우전리, 재원, 방축리 기도처였습니다. 이 기도처들은 저녁예배나 새벽기도회에 참석하기 어려운 교통 불편 지역의 신자들을 위한 임시 예배처소였습니다. 문준경은 이들을 외면하지 않았습니다.

　1936년, 경성성서학원을 졸업한 문준경 전도사는 정식 전도사로서 신안 지역 복음 사역에 본격적으로 나섰습니다. 이미 임자도와 증도, 대초리에서 교회를 세우고, 신학 훈련 중에도 쉼 없이 섬들을 누볐던 그녀에게 졸업은 끝이 아니라 시작이었습니다. 그녀는 일 년에 아홉 켤레의 고무신이 닳을 만큼 섬과 마을을 직접 찾아다녔고, 때로는 돛단배(풍선)를 타고 바다를 건너며 사역하였습니다. 기도처는 단지 예배당이 아니라, 복음의 쉼터이자 공동체의 심장 역할을 하였습니다. 문준경은 증도뿐 아니라, 자은도, 암태도, 팔금도까지 사역을 확장했습니다. 그녀는 바닷길을 따라 복음을 실었고, 지나는 곳마다 예배 모임이 생기고, 결국 교회가 세워지는 기적이 이어졌습니다.

하지만 그녀의 사역은 늘 순탄하지만은 않았습니다. 1940년대, 일제가 교회들에 신사참배를 강요하던 시기, 문준경은 이를 단호히 거부하다가 목포 경찰서로 끌려가 고문을 당했습니다. 그러나 그녀는 믿음을 굽히지 않았고, 섬의 교회들을 지켜냈습니다. 해방 이후, 6.25 전쟁이 발발하고 섬 전체가 공산 세력에 의해 장악되었을 때, 문준경은 잠시 목포로 피신했습니다. 하지만 자신이 떠난 증도 교인들이 걱정되어 끝내 섬으로 돌아왔다. 그리고 그 결단은 순교의 길이 되었습니다. 1950년 10월 5일, 증도에서 공산군에 의해 총살당했습니다.

문준경 전도사의 순교는 한 사람의 죽음으로 끝나지 않았습니다. 그녀와 함께 복음을 전하던 이판일 장로와 이판성 집사의 가족 13명도 같은 시기, 같은 땅에서 함께 순교했습니다. 이들의 순교는 단지 비극이 아니었습니다. 그것은 공동체 전체가 예수 그리스도의 이름을 위해 생명을 드린, 복음의 가장 강한 증언이었습니다. 이들의 피는 오늘 신안 교회들의 기초가 되었습니다.

신안 기점도,소악도 산티아고 12사도
순례길에 있는 작은 교회

신안 보라색 마을로 가는 퍼플교

위의 사진은 문중교전도사순교기념관 뒷산 위의 문준경 전도사님이 기도하시던 산에서 바라본 전경이며
아래 사진은 대장도, 대장봉 위에서 바라본 고군산군도의 전경입니다. 모두 기도의 산입니다.

변방

모두가 중심에 있기를 원하지만 추명순 전도사는 변방으로 향하였고, 가장 끝으로 향하였습니다. 그가 산 곳의 이름은 그래서 말도입니다. 믿음은 끝을 지향합니다. 예루살렘과 온 유대와 사마리아와 땅 끝까지를 이르러 내 증인이 되리라는 말씀이 있음에도 불구하고 사람들은 여전히 예루살렘에만 고집합니다. 추명순 전도사를 기억하는 것은 그녀는 끝까지 복음을 전하였고, 끝에서 복음을 전하였기 때문입니다. 그녀는 땅끝까지 갔고, 그곳을 떠나지 않았습니다. 끝에서 끝까지 복음을 지켰기에 오늘 우리에게 도전이 됩니다. 메리 스크랜턴은 52세에 조선의 선교사로서 지명을 받고 이듬해에 이 땅으로 들어왔습니다. 동일하게 추명순은 모두가 자신의 삶을 지향하고 안락한 삶을 기대하는 삶의 끝자락에서 가장 아름다운 삶을 보여주었습니다. 메리 스크랜턴의 삶도, 추명순의 삶도 하나님 앞에서는 같은 것입니다.

우리는 보통 '순교자'라고 하면, 복음을 전하다 피를 흘리며 죽음을 맞은 이들을 떠올립니다. 그러나, 피 흘림 없이도 죽음 못지않은 헌신으로 살아낸 순교자들이 있습니다. 이들에게는 죽음조차 허락되지 않은 순교자들입니다. 죽음을 통해 영광을 얻는 순교자도 있지만, 죽음조차 허락되지 않은 채, 평생을 살아내야 했던 또 다른 순교자들이 있습니다. 예수님의 열두 제자 중에 야고보와 같이 제일 먼저 순교한 이가 있는가 하면 그의 형제 요한처럼 육신의 생명이 다하는 날까지 복음을 전파한 이가 있습니다. 자신을 제외한 모든 사도들이 순교의 피를 흘릴 때에 남겨진 사명자의 마음은 어떠했을까요? 그러므로 오늘날 순교에는 피를 흘린 적색 순교자가 있는가 하면 자신의 생명이 멈추는 때까지 끝까지 복음을 전파한 백색 순교자도 있는 것입니다. 여기 개신교의 섬 목회에 있어서도 기억할 두 분의 여전도사님이 계십니다. 적색 순교자인 신안의 문준경 전도사와 고군산군도에 백색 순교자인 추명순 전도사입니다.

#추명순

'고군산군도'라는 이름은 처음 듣는 사람에게는 생소하게 느껴질 수 있습니다. 이 말이 무슨 뜻인지, 어디서 끊어 읽어야 할지조차 막막할 수 있습니다. 고군산군도는 전라북도 군산시 옥도면에 위치한 군도로, 총 63개의 섬으로 이루어져 있습니다. 그중 16개는 사람이 거주하는 유인도입니다. 이 군도(群島)의 중심이라 할 수 있는 선유도의 옛 이름이 '군산도'였습니다. 그러나 군산도에 주둔하던 수군 부대가 지금의 군산 지역으로 옮겨가면서, '군산'이라는 지명도 함께 옮겨졌습니다. 그 결과 예전의 군산도는 '고(古)군산도'로 불리게 되었고, 인근 섬들과 함께 '고군산군도'라는 이름으로 묶이게 되었습니다. 고군산군도의 어머니라는 불리는 분이 계십니다. 바로 추명순전도사입니다. 증도에 문준경전도사가 있다면 고군산군도에는 추명순전도사가 있습니다.

추명순

추명순은 1908년 3월, 충남 보령군 웅천면 서정리에서 태어났습니다. 어린 나이인 15세에 서천 조 씨 집안의 열 살 차이가 나는 남편과의 결혼한 후, 엄격한 유교 가정에서의 생활 속에서 하루하루를 견뎌내야 했습니다. 그러나 가장 견디기 힘들었던 시련은 남편이 첫 아들을 낳자마자 읍내에서 새살림을 차렸기 때문입니다. 15세에 시집 와 남편만 바라보고 살았는데 19세에 아들을 낳고, 2년 만에 소실이 들어와 21살이라는 꽃다운 나이에 생과부가 된 것입니다. 그 후, 추명순은 자신의 삶에 대한 한탄과 억울함, 가슴에 사무치는 한에 사로잡혀 남편을 죽일 마음을 품으며 약 4년 동안 칼을 품고 다녔습니다.

하루는 유명하다는 관상쟁이를 만나 새벽마다 마당에 정화수를 떠놓고 3년 동안 정성껏 기도하면 옥황상제의 은혜로 남편이 돌아올 것이라는 말을 듣게 되었습니다. 그렇게 3년 동안 정성을 다하여 새벽마다 목욕재계하고 정화수를 떠놓고 빌던 중에 3년째 되던 날에 꿈에 꾸었습니다. 하늘에서 사다리가 내려오는데 천사 같은 사람이 올라오라 하여 하늘에 올라가 열두 개의 진주 문을 지나 황금 집에서 예수님을 만나게 됩니다. 바라볼 수 없는 환한 광채 중에 계셨던 예수님께서는 '저 여자는 아직 여기 올 때가 아니니 데

려다 줘라'라는 음성을 듣고 꿈을 깨었는데 추명순은 예수님이 누구신지도 모르고 다만 그 예수님이 옥황상제라 생각하였습니다.

하루는 먼 친척 중 한 할머니께서 집에서 묵고 가셨는데 추명순을 불쌍히 여기며 "아무리 정화수를 떠놓고 기도해도 쓸데없다. 너는 예수님을 믿어야 한다"라는 말을 듣고 신기해하며 예수님을 제대로 알기 위해서 십리 밖, 비인리에 있는 교회에 출석하면서 비로소 신앙생활을 시작하게 됩니다. 당시 추명순의 나이는 26세였습니다.

처음엔 신기함과 호기심으로 시작된 신앙이었으나 예수님이 누구신지 점차 깨닫게 되면서 그의 모든 삶이 변화되기 시작하였습니다. 오랫동안 남편을 죽이기 위해서 칼을 품었던 원망이 사라지고, 그 자리에 기쁨과 평안이 채워졌습니다. 예수님이라는 말만 들어도 뜨거운 마음으로 복음을 알지 못하는 자들에게 복음을 전하지 않으면 견딜 수 없는 마음을 가지게 되었습니다.

그러나 믿음의 시작은 결코 평탄함만을 보장하지 않았습니다. 첩과 함께 나간 남편은 돈이 모자랄 때면 집에 돌아오곤 하였습니다. 그럴 때마다 그는 "예수 귀신에 미쳐 집안일을 돌보지 않는다"라는 이유로 추명순을 방으로 끌고 들어가 무려 열 시간 동안이나 사정없이 두들겨 팼습니다. 잠깐의

매질이 아니었습니다. 뭉둥이, 주먹질, 발길질-가리지 않았고 그녀의 온몸은 부어오르고 멍이 들었습니다. 어떻게 10시간이나 매를 맞을 수 있을까? 몇 번이나 기절할 정도로 매를 맞는 그 고통 속에서, 추명순은 결코 믿음을 포기하지 않았습니다.

추명순은 그 때를 회고하며 갑자기 방안이 환해지며 예수님을 보게 되었는 온몸에 피를 흘리고 옆구리 창자국에서 물이 쏟아지는 모습을 바라보며 자신의 아픔이 사라졌다고 합니다.

남편의 핍박과 함께 또 다른 시련이 찾아왔습니다. 다 큰 스무 살 된 아들이 갑작스럽게 병으로 세상을 떠나게 된 것입니다. 남편은 "예수를 믿어서 이런 일이 생긴 것"이라며 추명순을 집에서 내쫓았습니다. 남편에게 버림받고, 아들을 잃고, 이제는 집안으로부터 내쫓김을 받아 오갈 데도 없는 신세가 되었습니다. 그녀가 몸을 기댈 수 있는 곳은 오직 교회뿐이었습니다. 그렇게 추명순은 비인성결교회에서 청소하고, 심방하고, 교회를 섬기는 삶을 살게 되었습니다. 비록 육신으로는 머리 둘 곳 없었지만 믿음으로는 새로운 삶이 시작되었습니다. 교회를 섬기는 삶으로 33살에 비인성결교회에서 지방 전도사로 임명받아 공적인 사역자의 길을 걷기 시작하였습니다. 누구보다 깊은 고난을 지나 그 누구보다 진실한 복음의 증인으로 살아가게 된 것입니다.

추명순 전도사의 고군산군도 선교는 한 사람과의 운명적인 만남에서 시작되었습니다. 그 인물은 바로 김용은 목사였습니다. 비인성결교회 강사로 방문했던 김 목사를 찾아간 추 전도사는, 그와의 대화를 통해 새로운 사역의 길을 열게 됩니다.

평소 섬 지역 개척 전도에 깊은 열정을 지니고 있던 김용은 목사는 추 전도사에게 물었습니다.

"섬에 들어가 복음을 전할 수 있겠습니까?"

그러자 추명순 전도사는 주저 없이 대답했습니다.

"복음을 전할 수 있는 곳이라면 어디든지 가겠습니다."

이 단호한 대답은 김 목사의 마음을 움직였고, 그는 고군산군도의 여러 섬을 위한 전도 사역에 필요한 모든 경비와 후원을 약속합니다. 그렇게 해서 1959년, 52세의 나이에 추명순 전도사는 고군산군도를 향해 첫 발걸음을 내디뎠습니다. 이름조차 생소했던 섬들, 길 하나 제대로 나 있지 않던 그 땅에 복음의 씨앗이 뿌려지기 시작한 순간이었습니다.

말도에서의 사역은 단순한 복음 전파가 아니었습니다. 생존을 위한 치열한 싸움이 함께였습니다. 끼니는 구호물자인 밀가루와 옥수수 가루로 겨우 이어갔고, 외로움과 고된 노동 속에서 영적 전쟁이 이어졌습니다.

그럼에도 불구하고, 추명순 전도사는 그 험한 땅에서 24년을 버티며 살아냈습니다. 말도를 중심으로 장자도, 방축도, 신시도, 야미도, 무녀도, 관리도 등 고군산군도의 섬들을 순회하며 묵묵히 복음을 전했습니다. 추명순 전도사에게 끝은 끝이 아닌 시작이었습니다. 끝섬인 말도에서 그의 섬 목회가 비로소 시작된 것입니다. 추명순 전도사에게 있어서 사명이란 성공이 아니라 순종이었고 성과가 아니라 신실 그 자체였습니다.

추명순 기도굴

말도교회

추명순 전도사의 묘

에필로그

　글을 마치며 간단한 '소회'와 함께 이번 순례에 대한 추가적인 '감회' 남깁니다.

part 1 소회

　이 책은 정말 짧은 시간 안에 준비되었습니다. 출판을 의뢰받고 시작한 작업은 그야말로 속도전이었습니다. 어떻게 이렇게 짧은 시간 안에(?) 이 글이 나올 수 있었는지, 저 자신도 놀랍기만 합니다. 하지만 곰곰이 돌아보면, 이것은 단순한 우연이 아니었습니다. 마치 흩어져 있던 퍼즐 조각들이 하나둘 제자리를 찾아가는 것처럼, 그동안 제 안에 준비되어 있던 생각들과 메시지들이 자연스럽게 연결되었습니다. 이미 오래전부터 주어진 퍼즐 조각들이 있었고, 이번 작업은 그 빈 공간을 채우는 과정이었습니다. 그래서 가능했던 짧은 시간의 완성입니다. 이 모든 준비 과정 가운데 저는 분명히 하나님의 섭리와 은혜를 느낄 수 있었습니다. 깊이 몰입하다 보니 꿈속에서도 계속해서 메시지가 쏟아질 정도였습니다. 그만큼 이 글은 사람의 힘을 넘어선 은혜의 결과였습니다.

　가까이 지내는 목사님들과 한 달에 한 번 함께하는 산행 모임이 있습니다. 그 첫 산행은 다름 아닌 설악산이었습니다. 설악산에는 여러 등산로가 있지만, 아침부터 든든히 식사를 마친 후, 우리는 신흥사에서 시작하는 원점 산행 코스를 택했습니다. 첫 산행에서 무려 11시간 30분을 걸었습니다. 말 그대로 혹독한 훈련이었습니다. 그러나 그 고된 산행을 마치고 나니, 마음속에는 확신이 생겼습니다. '이제 국내에서 못 오를 산은 없겠다'라는 생각이 들었습니다. 이번 집필 과정도 마찬가지였습니다. 하루도 편히 쉴 틈 없이 이어진 날들의 연속이었고, 참으로 버거운 시간이기도 했습니다. 하지만 그 모든 과정이 저에게는 귀한 훈련의 시간이었습니다. 앞으로 하나님께서 맡기실 더 크고 귀한 일들도 기꺼이 감당할 수 있을 것만 같습니다.

서유럽의 포르투갈은 유럽의 변방에 불과한 작은 나라였습니다. 그러나 바로 그곳에서 대항해시대의 문이 열렸고, 세계사 최초로 '해가 지지 않는 나라'를 이룩하는 역사가 시작되었습니다. 그 중심에는 엔히크 왕자가 있었습니다. 그는 사그레스에 해양 연구소를 세우고, 끊임없는 연구와 도전 속에서 마침내 캐러벨이라는 배를 만들어냈습니다. 이 배는 삼각돛을 통해 역풍을 뚫고 항해할 수 있는 혁신적인 선박으로, 당시로서는 상상하기 어려운 기술적 도약이었습니다. 이처럼 기술의 혁신이 없다면, 그 어떤 진정한 전진도 불가능합니다. 이 사실은 제 삶에도 깊은 울림을 줍니다. 저에게는 1인 출판이라는 길이 있고, 인디자인과 같은 도구를 활용하여 직접 편집할 수 있는 능력이 있습니다. 이 또한 제게는 감사의 제목입니다. 은혜와 훈련, 그리고 기술— 이 세 가지가 함께할 때, 주어진 사명을 더 깊이, 더 멀리 감당할 수 있다는 것을 체험하고 있습니다.

개척 사역을 하다 보니, 다양한 공사를 직접 감당하게 되었고, 기술자가 된 듯한 자신을 발견하게 됩니다. 때로는 원가를 계산하는 공사 업자처럼 느껴지기도 했습니다. 전기 공사를 직접 하고, 바닥에는 데코타일을 하나하나 붙이며 손수 공간을 꾸몄습니다. 장비도 꽤 갖추어 원형톱으로 나무를 재단하여 사용하기도 합니다. 그러나 모든 일이 다 손에 익는 것은 아니었습니다. 타일 작업만은 제가 감당할 수 있는 바가 아니었습니다. 이에 '모든 것을 혼자 할 수는 없구나'라는 단순하지만 중요한 진리를 다시금 깨닫게 됩니다. 편집 작업은 제가 직접 감당하지만, 책의 중요한 디자인 방향과 세심한 마감에는 전문가의 손길이 반드시 필요합니다. 그런 점에서 함께 협력해 주시는 장원문화인쇄와 그 안의 귀한 분들이 참으로 감사합니다. 인쇄에 큰 도움을 주시는 원병철 집사님, 디자인의 품격을 더해주시는 원혜임 차장님, 문성예 팀장님, 박경희 대리님, 이분들은 단순한 협력자를 넘어, 제 사역에 깊은 울림을 더해주는 소중한 동역자들입니다. 또한 국내 순례를 기획하면서, 강화와 인천은 혼자서도 넉넉히 감당할 수 있었지만, 제주 순례는 사정이 달랐습니다. 항공권과 숙박, 차량 준비 등 여러 부분에서 함께 동역하시는 에벤에셀의 김동진 장로님께도 깊은 감사를 드립니다. 가까운 길은 혼자 갈 수 있지만, 먼 길은 함께 가야 한다는 말처럼, 이 여정에 함께 걸어 주시는 모든 분들께 진심으로 감사를 드립니다.

이제 마지막 남은 감사가 있습니다. 이번 집필 과정의 전체적인 구도와 기획의 시작점은 바로 김학범 목사님이셨습니다. 마치 큰 그림을 그려 주시고, 그 안의 색을 제가 채워 넣는 것 같은 작업이었습니다. 저에게 김학범 목사님은 참으로 감사하고, 귀한 분입니다. 말씀 사역에서 말씀사역원으로 확장을 인도하여 주시고, 말씀 사역에 순례 사역을 더할 수 있는 길을 열어 주셨습니다. 처음 이곳저곳을 보여주시는데, 숙소를 잡아 주시고, 교통비를 지원해 주시며, 함께 동행하시며 나누어 주신 깊은 인사이트와 메시지들은 지금도 제 마음에 깊이 새겨져 있습니다. 함께 국내 여러 지역을 순례하며 걸었고, 일본 열도를 남에서 북까지 훑었으며, 서유럽의 끝자락 포르투갈 호카곶에까지 함께 섰습니다. 그리고 마카오, 그 땅에 묻힌 로버트 모리슨의 묘비 앞에서도 함께 기도하였습니다. 이제는 이 모든 여정에 대한 감사를 주어진 사역으로, 삶으로, 말씀으로 채워가고자 합니다. 감사함으로 받은 이 길, 사명으로 감당해 가겠습니다.

앞으로 갈 길이 바쁘고 멉니다. 최근에는 다바르 말씀학교의 열여섯 번째 책, 『사도행전』이 출판되었고, 앞으로도 성경 전권을 아우르는 말씀 나눔의 여정은 계속될 것입니다. 또한 곧 세워질 전킨 기념관에 발맞추어, 국내 성지순례 이야기 네 번째 책으로 '군산편'을 준비하고자 합니다. 언젠가 우리나라 전역의 순례 이야기가 한 권 한 권 모두 엮여지기를 꿈꿉니다. 하나님께서 이 모든 여정에 은혜 베푸시기를 간구합니다.

part 2 감회

하나님께서 조선에 선교의 문을 여시고 귀한 선교사들의 사역이 시작되었을 때, 놀라운 사실 중 하나는 그 선교의 여정에 조선인 조력자들이 함께했다는 점입니다. 인천 순례를 돌아보면, 아펜젤러가 내리교회의 초대 담임목사가 되기 이전부터 교회의 터를 세우는 일에는 '노병일'의 수고와 헌신이 있었습니다. 언더우드가 새문안교회를 설립할 때에도, 14명의 개척 멤버 중 13명이 바로 '서상륜'이 전도한 이들이었습니다. 선교사들은 고종 황제로부터 선교 윤허를 받아 입국했지만, 당시 조선에서는 직접적인 복음 전파가 여전히 불법이었습니다. 이로 인해 그들은 주로 의료와 교육 사역에 집중할 수밖에 없었습니다. 그러한 상황 속에서 복음 전파의 실질적인 역할은 매서인과 권서인들, 그리고 평신도 전도자들을 통해 이루어졌습니다. 선교사들은 복음을 받아들인 이들을 찾아 전도여행을 다니며 세례를 베풀었습니다.

조선 선교의 가장 큰 특징은 단지 말씀이 먼저 번역되었고, 선교사들보다 앞서 복음이 전해졌다는 점에 그치지 않습니다. 말씀의 번역, 복음의 유입, 교회의 설립, 복음의 전파, 교회 건축— 이 모든 과정 속에 조선인의 주도적 참여와 기여가 있었습니다. 조선인이 말씀을 번역하고, 조선인이 성경을 가지고 입국하며, 조선인이 교회를 세우고, 조선인이 복음을 전하며, 조선인이 교회를 짓는 일에 앞장섰습니다. 선교사들이 이 땅에 보내진 것은 복음의 씨를 뿌리기 위해서만이 아니라 복음의 열매를 거두기 위함이기도 하였습니다. 이 모든 과정은 오늘날 우리의 복음 사역이 어떠해야 하는지를 깊이 있게 묵상하게 합니다.

선교 역사를 다시 살펴보며, 우리는 그동안 잊혀졌던 선교사들과 더불어 그들과 함께 사역했던 매서인, 권서인, 그리고 평신도 전도자들에 대한 관심 또한 새롭게 하게 됩니다. 이는 단지 호기심을 넘어서, 그들이 품었던 믿음의 깊이와 신앙의 열정을 오늘 우리가 다시 되새기기 위함입니다. 앞으로 이 한 사람 한 사람과의 만남이 참으로 기대됩니다. 그들은 단순히 잊혀진 사람들이 아니라, 우리가 다시 찾아야 할 신앙의 동역자들입니다. 그들의 영광은 묻혀서 마지막 날에 하나님께 받게 될 것이지만 그들이 가졌던 신앙의 아름다움은 우리들의 신앙과 믿음을 위하여 반드시 되찾아야할 믿음의 유산이 되기 때문입니다.

한국 선교 140주년을 맞이하며 뜻깊은 사역을 나눌 수 있어 무한 감사드립니다. 이 작은 책자가 오병이어와 같이 귀한 쓰임을 받기를 간절히 사모합니다.

참고문헌

- 김수진.『호남선교 100년과 그 사역자들』. 서울: 고려글방, 1992.
- 김수진.『호남 기독교 100년사』. 서울: 쿰란, 1998.
- 김현수, 문선희 옮김.『로제타 홀 일기 5』. 서울: 홍성사, 2017.
    『로제타 홀 일기 6』. 서울: 홍성사, 2017.
- 이상규.『부산지방에서의 초기 기독교』. 부산: 도서출판 카리타스, 2019.
- 서종표.『추명순전도사』. 부산: 도서출판 지혜로운, 2021.
- 셔우드 홀.『닥터 홀의 조선회상』. 서울: 좋은 씨앗, 2003.
- 연세대학교 교목실, 편.『선교사와 대학』. 인천: 도서출판 다바르, 2023.
    『언더우드 자매 교회 이야기』. 인천: 도서출판 다바르, 2024.
- 옥성득.『한국 기독교 형성사』. 서울: 새물결플러스, 2020.
- 이덕주.『스크랜턴』. 서울: 공옥, 2014.
- 이수환.『이수정 선교사 이야기』. 용인: 도서출판 목양, 2012.
- 주승민,『순교자 문준경의 신앙과 삶』. 용인: 킹덤북스, 2010.
- 홍승표.『태극기와 한국교회』. 안산: 이야기books, 2022.
- 탁지일. "호주 빅토리아장로교회와 캐나다장로교회의 초기 한국선교 비교연구-헨리 데이비스와 윌리암 맥켄지의 선교를 중심으로". 부·경 교회사 연구. 제22호 (2009년 9월).
- McCully, Elizabeth A. *A Corn of Wheat: The Life of Rev. W. J. McKenzie of Korea.* Toronto, Ontario: Westminster Co., Ltd., 1903.

- 박용규, "가장 평범한 그러나 가장 비범한: 루비 켄드릭의 생애와 사역" 『신학지남』 제87권 1집(통권 제342호).
- 탁지일. "캐나다교회의 초기 한국선교," 『부산장신論叢』 제5집(2005, 11).
- 김상복. "춘천지역 개신교 전래에 대한 연구(1898-1945)", 서울장신대학교 일반대학원 대학원 석사학위논문, 2012.
- 김지운. "유진벨 선교사의 호남선교 연구", 총신대학교 선교대학원 석사학위논문, 2016.
- 방승민. "한국초기선교와 서상륜", 협성대학교 신학대학원 석사학위논문, 2001.
- 정승현. "초기 개신교의 하층민선교에 대한 연구–백정 선교를 중심으로", 장로회신학대학교 대학원 석사학위논문, 2004.
- 허태환. "성육신선교로서 선교사 게일(J. S. Gale) 연구", 장로회신학대학교 대학원 석사학위논문, 2016.

메시지 순례

초판인쇄일 _ 2025년 6월 8일
초판발행일 _ 2025년 6월 8일

펴낸이 _ 임경묵
펴낸곳 _ 도서출판 다바르

주소 _ 인천 서구 건지로 242, A동 401호(가좌동)
전화 _ 032) 574-8291

지은이 _ 임경묵 목사
            연세대학교 신학과 졸업
            장로회신학대학교 신대원 졸업(M.Div.)
            장로회신학대학교 대학원 졸업(Th.M.)
            현) 주향교회 담임목사
            현) 다바르 말씀 사역원 원장

기획 및 편집 _ 장원문화인쇄
인쇄 _ 장원문화인쇄

ISBN 979-11-93435-17-5 (03230)